実習指導必携

プロ
ソーシャルワーク
入門

中嶌　洋【編著】
Hiroshi Nakashima

志水 田鶴子・大塚 一郎・市川 享子
大倉 高志・宮元 預羽・大賀 有記・横山 順一

八千代出版

執筆分担 （掲載順）

中嶌　　洋　　中京大学現代社会学部准教授
　　　　　　　①〜⑦、⑰、⑱、㉑、㉒、㉔〜㉖、㉙、㊟39、㊶41、㊿50、㊿64、㊿79〜㊿81

志水田鶴子　　仙台白百合大学人間学部准教授
　　　　　　　⑧〜⑩、⑫、⑬、㊽48、㊾49、㊿62、㊿78

大塚　一郎　　帝京平成大学現代ライフ学部教授
　　　　　　　⑪、㉛31、㉟35、㊼53〜㊼55、㊿70、㊿77

市川　享子　　東海大学健康学部講師
　　　　　　　⑭〜⑯、㊿51、㊿52、㊿57〜㊿60

大倉　高志　　岡山県立大学保健福祉学部講師
　　　　　　　⑲、⑳、㉓、㉚30、㊷42、㊸43、㊿56、㊿65、㊿66

宮元　預羽　　今治明徳短期大学ライフデザイン学科専任講師
　　　　　　　㉗27、㉘28、㉜32、㊱36、㊿67、㊿68、㊿72

大賀　有記　　愛知県立大学教育福祉学部講師
　　　　　　　㉝33、㊲37、㊳38、㊿61、㊿69、㊿71、㊿73〜㊿75

横山　順一　　山口県立大学社会福祉学部准教授
　　　　　　　㉞34、㊵40、㊹44〜㊼47、㊿63、㊿76

はじめに

社会福祉ニーズの多様化・高度化という近年の動きは、社会福祉士・介護福祉士・精神保健福祉士（以下、三福祉士）などの相談援助職に対し、高齢者支援、障害児・者支援、子ども・子育て支援、生活困窮者支援といった単一の援助内容に留まらず、医療、看護、教育、司法、心理、防災、多文化など、他領域との関わりを考慮に入れた複合的な支援の充実を求めている。2008（平成20）年度に行われた社会福祉士養成カリキュラムの見直しからはや10年が経った。ソーシャルワークや社会保障など、学んだ専門科目に関する知識・技術をどう実践に繋げるのかが問われ、度重なる制度改正・カリキュラム改訂を通じ、知識・技術と実践との融合やその応用が模索されてきたが、その効果はいったいいかばかりであろうか。

「日本一億総活躍社会」「地域共生社会」などのあるべき姿が示され、三福祉士が地域社会で果たすべき具体的役割の明確化や、関係者・関連機関等との連携・協働がますます問われ始めた。地域包括ケア、アウトリーチ、アセスメント、エンパワメント、権利擁護、社会資源、ネットワーキングなどの理解と推進が求められているものの、そもそもその土台づくりとしての相談援助実習指導の中身が問われなければ本末転倒である。この種の類書はすでにいくつか刊行されているが、難解な文章による解説や多量の記述を伴う説明等、困難に直面している実習生や指導に難儀している教員が見てすぐに役立つといえるものが少なかった。

そこで今回、『実習指導必携　プロソーシャルワーク入門』と題し、三福祉士養成における相談援助実習指導や実践に役立つテキストを刊行することにした。本書で心がけた点は、①実習事前学習、実習、実習事後学習の各段階で習得すべき事柄を明確にしたこと、②可能な限り図式化し、視覚に訴えながらわかりやすく解説したこと、③ステップアップとして推薦図書・論文を可能な限り挙げたこと、④巻末に実践を促すミニワークを設けたこと、⑤各項目は、現役の実習担当教員の指導経験を踏まえ、論じられていること、⑥学生（実習生）のみならず、実習担当教員や実習指導者にとっても指導上役立つ情報を記載していることの6点である。特に、④⑤⑥については、本書がより教育現場レベルに近い形となっており、各教員の試行錯誤や創意工夫が見られる点でもあろう。

本書の執筆者は、編著者がかつて参加した「社会福祉士・精神保健福祉士相談援助実習担当教員講習会」で関わった新進気鋭の大学教員ばかりである。学生向け・教員向け・現場実践者向けなど多様に活用することによって、実習教育の効果が高まるように配慮した。三福祉士の養成校などでは是非、本書を活用していただきたい。次代の福祉社会創造の礎として、本書が人材養成の一助になることを期待している。

2018年9月

編著者　　中嶌　洋

目　　次

はじめに　*i*

第1部　実習事前学習入門

1. オリエンテーション・相談援助実習の意義・自己紹介 2
2. 相談援助実習の理解（カリキュラムの見直し・位置づけ）.......................... 4
3. 相談援助実習の流れ・構造 6
4. 相談援助実習に対する心構えⅠ（説明）・Ⅱ（グループワーク）.................. 8
5. 相談援助実習先（施設・機関）について 10
6. ソーシャルワーカー（社会福祉士）像とその役割 12
7. 社会福祉士倫理綱領・行動規範および職業上のジレンマ 14
8. 個人情報保護・プライバシー保護 16
9. 個 別 面 談 18
10. 見学訪問のオリエンテーション 20
11. ソーシャルワーカー（社会福祉士）の資質と倫理Ⅰ（ソーシャルマナー入門編）.................. 22
12. ソーシャルワーカー（社会福祉士）の資質と倫理Ⅱ（ソーシャルマナー超基礎編）.................... 24
13. 見学訪問先の調整 26
14. 電話依頼の適切な方法 28
15. 個人情報保護と守秘義務 30
16. 手紙文（お礼状）の書き方 32

第2部　実習事前学習の基礎

17. 見学訪問（見学実習）の振り返り 36
18. 2回生における事前学習課題 38
19. 実習先選定作業のコツ、誓約書の意味 40
20. 実習の動機と課題、実習生紹介票 42
21. 実習先に関する事前学習Ⅰ・Ⅱ 44
22. 実習内諾先への書類作成作業 46
23. 実習報告会（3回生発表）への参加（質疑、聴取）............................. 48
24. 実習連絡協議会への参加（2回生による挨拶）.................................... 50
25. オリエンテーション・事務手続き・日程 52
26. 事前送付書類の提出方法 54
27. 個人情報・プライバシー保護の説明 56
28. 実習計画書の作成方法 58
29. 実習先種別ごとのグループワーク 60
30. 実習の課題と達成方法の検討（4回生への質問と情報交換）.............. 62

31 実習計画書の作成と添削 64

32 ソーシャルワーカー（社会福祉士）の資質と倫理Ⅲ（ソーシャルマナー基礎編）........................ 66

33 ソーシャルワーカー（社会福祉士）の資質と倫理Ⅳ（ソーシャルマナー応用編）........................ 68

34 ソーシャルワーカー（社会福祉士）の資質と倫理Ⅴ（ソーシャルマナー実践編）........................ 70

35 実習記録法Ⅰ（実習記録の内容と記録方法）.. 72

36 実習記録法Ⅱ（実習中の記録の取り方、実習別の準備・心構え）.................................... 74

37 実習記録法Ⅲ（個人情報保護について）.. 76

38 実習指導者とのオリエンテーション状況の確認（実習計画・実習内容の検討）........................ 78

39 実習巡回指導および帰校日指導 80

第3部　実習事後学習の基礎

40 実習報告書の書き方 84

41 実習期間中の対応（授業欠席時）.. 86

42 相談援助実習事後指導のオリエンテーション・実習報告

　　（気づき、振り返り、印象に残っていることなどを発表）.. 88

43 実習事後指導（個別体験の整理）・集団討議による課題整理と意見交換 90

44 実習報告書の添削Ⅰ（個別添削指導）・Ⅱ（グループ学習指導）.................................... 92

45 実習体験を踏まえた相談援助の知識・技術の検討（個人・グループ）................................ 94

46 実習報告会の資料作成に関する説明・実習報告会準備 96

47 相談援助実習のまとめ（学習の課題整理）・相談援助の知識および技術の確認（まとめ）....... 98

48 実習報告会（発表、参加）... 100

49 実習評価票の活用 102

50 実習連絡協議会への参加 104

第4部　よりよい実習にするためのコツ

51 評価ばかりが気になる学生への対応 108

52 「無事に終えたい」「楽しかった」という学生への対応 109

53 学生ができないときに「教えてもらっていない」ということについて 110

54 無気力な学生への対応 111

55 不適応学生（発達障害、精神疾患）への対応 112

56 交通事故にあったときの学生への対応 113

57 不安、衝撃、挫折を経験した学生に求められること 114

58 学生の自己覚知を支えるための対応 115

59 学生の実習体験に基づいた学びの展開構造（学びのキャリア形成）................................ 116

60 ボランティア、アルバイト、実習生、職員の違い 117

61 「実習のてびき」の内容とその活用 118

62 実習報告書の作成とその活用 119

63 巡回訪問先での指導はどのようにすればよいのか？ 120

64 三者協議・連携の工夫はどうすればよいか？ 121

65 利用者の人権やプライバシーへの配慮 122

66 なかなか記録（実習日誌）が戻ってこないときの対応 123

67 必ず繋がる連絡先の確保 124

68 相手（利用者）に対する上手な自己紹介の仕方 125

69 相手をありまま受け容れるとは？ 126

70 利用者と実習生との適切な距離とは？ 127

71 相手への寄り添い方（傾聴）とは？ 128

72 甘えと受容との線引き 129

73 問題への対応から予防へ 130

74 個人差から個性へ 131

75 相手（利用者）との上手な別れ方とは？ 132

76 実習終了日を迎えるにあたって留意することは？ 133

77 実習終了後の実習先との関わり方 134

78 アフターケアの意義について 135

79 専門性・事業の縦割りの限界 136

80 社会問題の重層化 137

81 厚生労働省が示した相談援助実習の新方針 138

参 考 文 献   139

巻末資料（ミニワーク）

【参考資料 1】 考えてみよう：実習生の日常生活マナー 141

【参考資料 2】 考えてみよう：個人情報保護と守秘義務（実習場面） 142

【参考資料 3】 こんなときあなたならどうする？：倫理的問題への対応 143

【参考資料 4】 実習生の心得 144

【参考資料 5】 電話のかけ方：よくある応対マナーと言葉遣い 145

【参考資料 6】 電話のかけ方：電話時のマナーの実践 146

【参考資料 7】 倫理綱領の理解 147

【参考資料 8】 服装・髪型・持ち物のチェック（保育・児童福祉分野での実習の場合） 148

【参考資料 9】 倫理的配慮が問われる場面での対応 149

【参考資料 10】 ソーシャルマナーの応用 150

【参考資料 11】 記録の書き方：観察・分析・考察 151

【参考資料 12】 ソーシャルマナー・実践編（やる気が出ない場合） 153

【参考資料 13】 ソーシャルマナー・実践編（態度・姿勢・身なり） 154

【参考資料 14】 表情・身だしなみ 155

索　　引　 156

第1部

実習事前学習入門

1 オリエンテーション・相談援助実習の意義・自己紹介

1 オリエンテーション

　相談援助実習は、社会福祉士国家試験の受験資格を得るために必須のものであり、通常、24日間（180時間）以上の現場経験が求められる。国家資格である社会福祉士とは、「社会福祉士の名称を用いて、専門的知識及び技術をもって、身体上もしくは精神上の障害があること又は環境上の理由により日常生活を営むのに支障がある者の福祉に関する相談に応じ、助言、指導、福祉サービスを提供する者又は医師その他の保健医療サービスを提供する者その他の関係者との連絡及び調整その他の援助を行うことを業とする者」と定義づけられ（社会福祉士及び介護福祉士法第2条第1項）、受験資格取得後、社会福祉士国家試験に合格しなければならない。

　図1-1に示したとおり、社会福祉士が支援する対象は幅広く、様々な困難や課題を抱える人々への適切な援助が望まれる。多様な役割を担うことが期待される社会福祉士有資格者になるための重要な一つのステップが相談援助実習である。よって、当該授業では、出席率（全体の5分の4以上の出席が必要）が重視され、真摯に取り組む姿勢や学びの共有が求められる。そのほか、実習に送り出すか否かの判断基準にGPA（Grade Point Averageの略で、特定の算出方法によって示された学生の成績評価値。例えば、2.0以上）を用いている養成校もある。

2 相談援助実習の全体像とその意義

　次に、図1-2では相談援助実習の全体像を例示した。ここでは、まず総論として「現代社会と福祉」や「社会保障論」などの専門科目をしっかりと学ぶことが前提となる。その上で、授業編として、2回生前期から3回生後期までの4期に分けた相談援助実習指導を行う形となる。2回生では夏季休業中に行う見学訪問（2ヶ所）の前後に「相談援助実習指導Ⅰ」と「相談援助実習指導Ⅱ」を行い、配属実習に向けた準備を具体的に進める。一方、3回生でも同じく夏季休業中に行う配属実習（24日間、180時間以上）前後に「相談援助実習指導Ⅲ」および「相談援助実習指導Ⅳ」を行い、入念な実習事前学習と、ていねいな実習事後学習による振り返りを行うことで、実習の成果や学びの効果を高めることが目指される。

　こうした相談援助実習の流れを把握し、各段階で留意すべき点や準備すべき事柄に対し、早めに備えておくことが大切である。なお、相談援助実習は、学生、実習先、養成校の三者の合意に基づき行われており、各々の綿密な連携が求められる。それは、実習生が卒業後、専門職（プロ）養成を実際に担っていく上でも必要なこととなるため、真剣に学ばなければならない。

3 自己紹介

　相談援助実習では、「教員1人に対し、学生20人以内」というルールがあるため、小グループ化した上での指導が求められる。種別ごと、成績順、番号順など様々な分け方があり、同じグループのメンバーであっても普段から十分なコミュニケーションが取れているとは限らない。そこで、同じグループのメンバー同士で自己紹介をするとよい。希望分野、見学実習先、将来の選択、当該授業への意気込み、趣味・特技などを各々発表し合い、関係構築を図るとよいだろう。

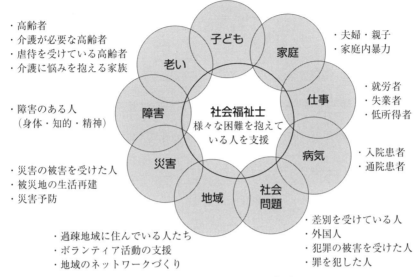

図1-1 社会福祉士が支援する人々

出典）ソーシャル教育学校連盟パンフレットを一部変更した。

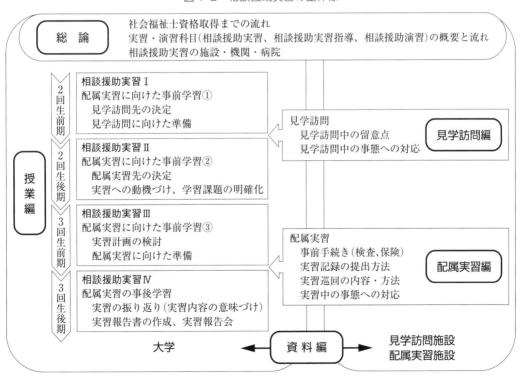

図1-2 相談援助実習の全体像

2　相談援助実習の理解（カリキュラムの見直し・位置づけ）

1　相談援助実習の理解のために──その背景と課題

　国家資格である社会福祉士が創設されて 30 年が経過した。近年、福祉ニーズの多様化・複合化に伴い、社会福祉士の活躍の場は、高齢者支援、障害児・者支援、子ども・子育て支援、生活困窮者支援などに留まらず、教育分野や司法分野にも拡がりつつある。時代やニーズの変化に合わせた各種制度改正が行われているものの、社会福祉士養成カリキュラムについては、2008（平成20）年度に見直しが行われて以降、改正されていない。「ニッポン一億総活躍プラン」の実施や「地域共生社会」の実現に向けて、社会福祉士に期待される役割は少なくない。

　今後、社会福祉士にはソーシャルワーク（social work, SW）の専門職としての働きに加え、地域共生社会の担い手として、多様化・複雑化する地域課題への対応や、他専門職・機関や地域住民との協働・連携などを行っていくことが求められる。各養成課程のなかで、ソーシャルワークに関する知識・技術をはじめ、社会保障制度や心理学など、学んだ知識・技術を実践で生かせるよう、より体験的かつ実践的な実習教育プログラムが求められ、多様な形態の実習がある（表 2–1 参照）。

2　カリキュラムの見直し

　上記を踏まえ、現在、社会福祉士実習カリキュラムの見直しが検討されている。複合的課題への対応、災害発生時の対応、自治会長・民生委員らとの協働、支援計画の策定・評価など、新たな役割を担える人材の養成が急務となっている。以下、社会福祉士養成カリキュラムを改正する上での着眼点を挙げる（社会保障審議会福祉部会福祉人材確保専門委員会 2018: 3）。

・専門職や地域住民の理解が得られるよう、わかりやすく説明できる能力を身につけること
・社会福祉士の養成カリキュラムの充実にあたり、幅広い分野・領域での活躍への対応はなされてきているが、各分野・領域を独立して学ばせるような、科目の細分化には留意すること
・講義や演習において、アクティブ・ラーニングの活用や海外のソーシャルワーク（フィールドワークなど）の導入を検討し、実践的なカリキュラム内容になるように検討すること
・「相談援助実習」を基幹的なソーシャルワーク実習と位置づけ、実習時間増加とともに、総合的・段階的かつ多様な実習教育が行えるように検討すること
・既存の法制度やサービスでは解決が難しい複合化・複雑化するニーズに対し、NPO 法人等が実施している事業においても実習が可能となるように検討すること　等

3　相談援助実習の位置づけ

　表 2–1 では体験学習としての実習の学びの意義を示したが、その学びは事前学習、実習中、事後学習の各段階において、体験の変換（変容）を通じてなされることを図 2–1 は示唆している。ジェネリック（一般的）な基礎知識を事前学習において少しずつスペシフィック（特殊的）なものへと変換することが相談援助実習への準備となり、個々のスペシフィックな実習体験をジェネリックなものへと再度落とし込むことが事後学習の要点となる。これらがその後の実践上の一つの礎となる。

表 2-1　実習形態別にみる実習の長所と短所

実習形態	長　所	短　所
通年型	ゆったりとした時間のなかで実習に取り組める	長期にわたってモチベーションを維持することが難しい
集中型	時系列で組み立てたプログラムによって集中した実習を行える	時間的な限界があり、実習途中での軌道修正が難しい
分散集中型	通年型と集中型の長所を組み合わせることができる	180時間という実習時間ではその長所を十分に生かしきれない
宿泊型	利用者の生活を24時間単位で把握することができる	通常の生活との違いがストレスとなりやすい
通勤型	実習時間とそれ以外の時間に分けて、実習に取り組める	実習先が通勤可能な範囲に限定される

出典）長谷川匡俊・上野谷加代子・白澤政和・中谷陽明編（2014）『社会福祉士相談援助実習 第2版』中央法規出版，65頁.

図 2-1　相談援助実習の位置づけ

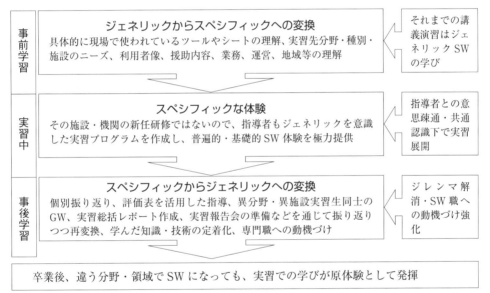

出典）日本社会福祉士養成校協会実習教育委員会「資料1　相談援助実習・実習指導ガイドラインおよび評価表」4頁.

◎ステップアップ

社会保障審議会福祉部会福祉人材確保専門委員会（2018）「ソーシャルワーク専門職である社会福祉士に求められる役割等について（案）」『第14回社会保障審議会福祉部会福祉人材確保専門委員会資料1』.

3 相談援助実習の流れ・構造

1 相談援助実習の流れ

　相談援助実習は、学生、大学、実習先の三者の動きを時期ごとに把握し、調整や連絡を綿密に行うことが重要である。図3-2に相談援助実習の大きな流れを示した。各養成校によって多少の差はあるかもしれないが、一つひとつの作業がよりよい相談援助実習のためのものであることを認識し、個々の作業の質を上げるようにしたい。2回生時の見学実習および3回生時の配属実習を2つの山に見立てて、事前準備や振り返りをじっくり行い、体験学習を進めたい。

2 相談援助実習の構造

　では、相談援助実習の内部構造はどうなっているのだろうか。図3-1では、養成教育と現場実践とを比較の観点から捉え、それらをつなぐものが相談援助実習であることを示している。ここでは、養成教育の中身が理論学習や演習に留まらず、とりわけ、実習指導（実習前）には、「ジェネリック」から「スペシフィック」への視点の変換が要点となる。加えて、実習指導（実習後）では「スペシフィック」から「ジェネリック」への再変換が知識・技術の定着に寄与するとされる。このようなことが可能となるには当然ながら、現場実践の創意工夫が求められる。実習施設・機関側にそうしたジェネリックを意識した実習プログラミングが提供できるのか、また、ミクロ・メゾ・マクロといったスケールの違いに応じたソーシャルワーク体験の提供が行えるかなどを検討する必要がある。いずれにしても、学生、大学、実習先の連携・協働が可能となるよう、日頃から関係構築に努めなければならず、思い切った提案と相手に配慮する理解力が問われるところである。

図3-1　相談援助実習・実習指導の構造と内容

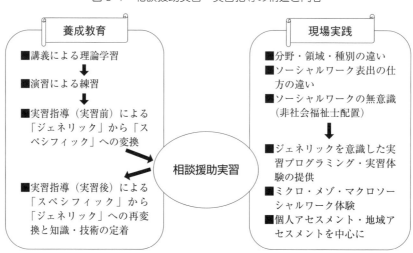

出典）日本社会福祉士養成校協会実習教育委員会「資料1　相談援助実習・実習指導ガイドラインおよび評価表」4頁．

図 3-2 相談援助実習の流れ・構造

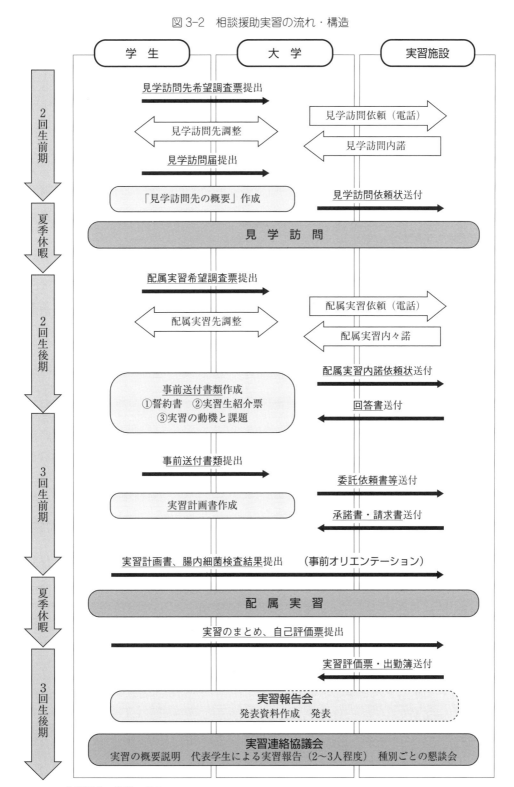

→ 書類提出・送付の流れ

出典）高知県立大学社会福祉学部実習委員会編（2018）『実習のてびき――相談援助実習』8頁を一部加筆した。

4 相談援助実習に対する心構え I（説明）・II（グループワーク）

1 学生から社会人への導き

　相談援助実習において、いったい学生に何を重点的な課題として育成しなければならないのだろうか。ソーシャルワークの実習教育では、将来の自己の社会福祉士像を描かせながら、ソーシャルワークの価値・知識・技術をどのように人々に活かそうとするか、次いで、それらの人々との接点である地域社会環境へのアプローチももちろん重要であるが、その前に、「社会人になる」という前提を軽視してはならない。言い換えれば、実習中は社会人としての自覚を持ち、自律しようとする姿勢が求められる。事前学習でもこの点を強調し、社会のなかの私であり、実習生の私であるという自覚と責任の喚起は重要である。

　とはいえ、実習指導において学生に対し社会性を問い求めることがどこまでできるのかという懸念がある。経験知や使命感が未発達な学生が多いなか、自律からのスタートはそれほど簡単ではない。そこでは、学生から見た社会認識と実習担当教員や実習指導者から見た社会認識の間に離齬やずれが生じることが少なくなく、それらを調整したり補足する必要もある。ここでは、学生の持つ能力や意欲を最大限に引き出す根気強いスーパーバイズ（指導・監督・支援）が求められる。

2 実習生に求められる社会人基礎力

　上記の「社会性」に関し、兵庫県社会福祉士会・事前学習検討部会は、社会マナー・規範・自己覚知等への意識化に必要な事柄を検討し、その必要性に気づける実習生像を次の8点にまとめている。①挨拶を、感謝や礼儀に留意して実行できる、②自己紹介を的確にできる、③他者に報告・発表・説明ができる、④他者に物事を的確に相談・依頼できる、⑤電話での応答を的確にできる、⑥文書のやりとりを的確にできる、⑦相手や場所に応じた適切な話し方で伝達することができる、⑧相手や場所、時間、目的や対象者の快適性に応じた身なり・服装等をする。これらはどれをとっても人間関係を構築するスタートラインで求められるものである。

　一方、近年、「社会人基礎力」が様々な場面で重視されてきている（図4-1参照）。「前に踏み出す力」（action）、「考え抜く力」（thinking）、「チームで働く力」（teamwork）の3つの要素で構成される社会人基礎力が、相談援助実習のどの場面で求められるのか、あるいはどういう体験からこうした力量が習得できるのかを意識しながら実習に臨むことも重要である。

3 相談援助実習への心構えをいかに整えるか

　さらに、図4-2では、「社会人基礎力」に加え、「基礎学力」や「専門知識」を磨き上げることで、「人間力」の向上につながることを示唆している。当然ながら、これらの土台には、思いやり・公共心・基礎的マナーなどの日常的な生活習慣がある。実習生は学ぶ意欲だけではなく、マナー、謙虚さ、礼儀正しさを兼ね備え、常に実習生という自分の立場を鑑みながら判断することが求められる。判断に困る場面やジレンマの生じる場面などを事前に想定し、どう行動するべきかなどをグループワークを通じて検討することも、心構えを整える一方策といえる。

図4-1 社会人基礎力に必要な3つの力

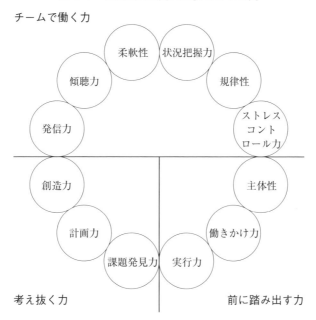

図4-2 「人間力」向上に必要な要素

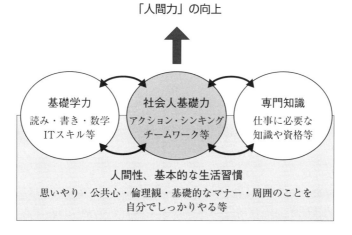

◎ステップアップ

稲本恵子・白井弘子・吉浦昌子（2018）『社会人基礎力』晃洋書房.
経済産業省編（2010）『社会人基礎力　育成の手引き』朝日新聞出版.

5 相談援助実習先（施設・機関）について

1 相談援助実習で希望する種別

　相談援助実習先（相談援助実習施設・機関）については、社会福祉士・介護福祉士養成施設指定規則第3条第一号および社会福祉に関する科目を定める省令第4条第六号に規定する厚生労働大臣が別に定める施設および事業に定められた施設に限定される。具体的には以下の通りである。一見すると多様な施設が数多くあるようだが、施設数が僅少であったり、地域偏重していることも考えられるため、早めの依頼や適宜調整を図ることが重要である。

①児童福祉法に規定する児童相談所、乳児院、母子生活支援施設、児童養護施設、福祉型障害児入所施設、児童心理治療施設、児童自立支援施設、児童家庭支援センター、指定発達支援医療機関、障害児通所支援事業および障害児相談支援事業

②医療法に規定する病院および診療所

③身体障害者福祉法に規定する身体障害者更生相談所および身体障害者福祉センター

④精神保健および精神障害者福祉に関する法律に規定する精神保健福祉センター

⑤生活保護法に規定する救護施設、更生施設、授産施設および宿泊提供施設

⑥社会福祉法に規定する福祉に関する事務所および市町村の区域を単位とする社会福祉協議会

⑦売春防止法に規定する婦人相談所および婦人保護施設

⑧知的障害者福祉法に規定する知的障害者更生相談所

⑨障害者の雇用の促進等に関する法律に規定する広域障害者職業センター、地域障害者職業センターおよび障害者就業・生活支援センター

⑩老人福祉法に規定する老人デイサービスセンター、老人短期入所施設、養護老人ホーム、特別養護老人ホーム、軽費老人ホーム、老人福祉センター、有料老人ホームなど

⑪母子及び父子並びに寡婦福祉法に規定する母子・父子福祉センター

⑫更生保護事業法に規定する更生保護施設

⑬介護保険法に規定する介護老人保健施設および地域包括支援センター並びに居宅サービス事業のうち、通所介護、通所リハビリテーション、短期入所生活介護、短期入所療養介護など

⑭独立行政法人国立重度知的障害者総合施設のぞみの園法の規定により独立行政法人国立重度知的障害者総合施設のぞみの園が設置する施設

⑮発達障害者支援法に規定する発達障害者支援センター

⑯障害者の日常生活および社会生活を総合的に支援するための法律に規定する障害者支援施設、福祉ホームおよび地域活動支援センターなど

⑰身体障害者デイサービスを供与し、あわせて高齢者、身体障害者等に対する食事の提供その他の福祉サービスで地域住民が行うものを提供するための施設

⑱前各号に準ずる施設または事業

2 相談援助実習について考える

　次に、相談援助実習では、2回生の前期にどこまで学ぶかもポイントになる。しかしまずは、

学生が学びたい分野や詳しく見てみたい施設などを主体的に考え、情報収集したり事前学習することが求められる。ここではその基礎作業の取っかかりとして、3〜4人一組で各グループをつくり、実習で希望する種別に関して以下のような内容を含みつつ、パワーポイント（スライド12枚程度）でまとめる課題を出すとよいだろう（図5-1参照）。あわせて、次週、それをもとにミニプレゼンテーション（各グループ10分程度）を行うと、さらに学習効果は高まると思われる。

図5-1　実習で希望する種別ごとの自主学習（グループワーク）

1　タイトル、科目名、グループ名、学籍番号、氏名

2　実習で希望する分野の施設の概要
　・高齢者―特別養護老人ホーム、老人保健施設、地域包括支援センター
　・児童―児童相談所、児童養護施設
　・障害のある人―障害者支援施設、障害福祉サービス事業
　・病院―急性期病院、療養型病院
　・地域―市町村社会福祉協議会
　・その他

3　関連法規とその要点

4　サービス・事業内容

5　職員とその業務内容（多職種で構成されている場合はそれぞれ個別に列挙する）

6　利用者の特徴と支援方法

7　社会資源（関係機関など）

8　1〜7を踏まえ、これから学習が必要だと思うキーワードとその具体的な内容

③　相談援助実習先の選定・調整

　通常、配属実習先の決定は2回生の後期（12月頃）であるので、それまでは見学訪問先の決定や書類づくり、そしてその振り返りなどの一連の事前学習のなかで配属実習先を決定していくことになる。例年、施設・機関において希望者数の偏重が見られるため、重複した場合の決定方法を検討しておく必要がある。ただし、学生主体の配属実習ということを忘れずに、また単に経験をするだけではなく、目的意識を持って個々の経験を意味づけることも重要である。

6　ソーシャルワーカー（社会福祉士）像とその役割

1　ソーシャルワーカー（社会福祉士）の現状と状況変化

　社会福祉士は、社会福祉士の名称を用いて、専門的知識および技術をもって社会福祉に関する相談援助を行うことを業とする名称独占の国家資格である。1988（昭和63）年の制度施行から2017（平成29）年12月現在までに、約21万人が資格取得をしている。

　社会福祉士の主な就労先は、高齢者福祉関係が43.7％ともっとも高く、次いで、障害福祉関係17.3％、医療関係14.7％、地域福祉関係7.4％、児童・母子福祉関係4.8％、行政相談所3.4％となっており、多様な分野での就労が可能である。また、職種では相談員・指導者の割合が高く、34.0％となっており、次いで、介護支援専門員13.8％、施設長・管理者13.3％、事務職員8.6％、生活支援員6.6％、介護職員（ホームヘルパーを含む）6.3％とこちらも多様化傾向にある。そのほか、行政分野で働く社会福祉士、教育分野で活躍するスクールソーシャルワーカー（SSW）に加え、司法分野においては受刑者等の出所後の地域生活定着支援を行う役割も期待されている。

2　ソーシャルワーカー（社会福祉士）の役割

　少子超高齢社会において、人々の生活様式や意識の変化が進むなか、生活に困窮する高齢単身世帯や孤立化が見られる高齢夫婦のみ世帯が増えており、従来家族によって支えられてきた課題を地域社会で支えることが求められている。こうした社会状況の変化により、既存の制度では対応困難なケースが顕在化している。例えば、制度が対象としていない生活課題への対応や複合的な課題を抱える世帯への対応、外部からは見えづらい、個人や世帯が内在的に抱えている課題への対応など、ニーズの多様化・複雑化・潜在化が見られる。

　社会福祉士には、個別の相談援助のほか、自殺防止対策、成年後見制度の利用支援、虐待防止対策、矯正施設退所者の地域定着支援、依存症対策、社会的孤立や排除への対応、災害時の支援、多文化共生など、幅広いニーズに対応するとともに、教育分野におけるスクールソーシャルワークなど、様々な分野においてソーシャルワークの機能を発揮していく役割を果たすことが求められる。

　地域をともに創っていく「地域共生社会」の実現に向けて、①複合化・複雑化した課題を受け止める多機関の協働による包括的な相談支援体制や、②地域住民等が主体的に地域課題を把握して解決を試みる体制を構築することが求められている。①では、福祉のみならず、医療、保健、雇用・就労、住まい、司法、商業、工業、農林水産業、防犯・防災、環境、教育、まちおこし、多文化共生など、多様な分野の支援関係機関が連携し、地域住民等が主体的に地域課題を把握して解決を試みつつ、必要な包括支援を提供するとともに、既存のサービスでは難しい課題に対し、必要に応じて新たな社会資源を創出することも重要である。②については、多機関協働による包括的な相談支援体制と連携を図り、地域住民等が地域福祉を推進する主体および地域社会の構成員として、近隣住民による見守りや日常の地域活動のなかで身近な圏域に存在する多種多様な地域課題や表出しにくいニーズに気づき、行政や専門機関とともにその解決に向けて、それぞれの経験や特性を踏まえて支援することが望まれる。

3 これからのソーシャルワーカー（社会福祉士）像

では、これからのソーシャルワーカー（社会福祉士）には何が求められているのだろうか（図6-1参照）。難題や新しい課題に対し、社会福祉法人、医療法人、ボランティア、NPO法人、教育機関、地元に根づいた商店や企業等も地域社会の構成員という意識を持ち、連携しながら取り組むことが重要である。つまり、社会福祉士は、地域住民に伴走しつつ、①地域住民等と信頼関係を築き、他の専門職や関係者と協働し、地域のアセスメント（事前評価）を行うこと、②地域住民が自分の強みに気づき、前向きな気持ちややる気を引き出すためのエンパワメント（力づけ、力添え）を支援し、強みを発揮する場面や活動の機会を発見・創出すること、③グループ・組織等の立ち上げや立ち上げ後の支援、拠点となる場づくり、ネットワーキングなどを通じて地域住民の活動支援や関係者との連絡調整を行う等の役割を果たすことが望まれる。

さらに、昨今、地域共生社会の実現に向け、自治体において地域住民や行政等との協働による包括的支援体制の推進が求められており、自治体において社会福祉士が果たしている役割等の実態把握を進める必要もあろう。社会福祉士の実態把握を行うことで、社会福祉士の専門性や果たしている役割が明確になり、ひいては所属組織においても社会福祉士を任用する意義や理解が進むと考えられる。社会福祉士が果たしている役割・成果の「見える化」を図り、国民の理解をより一層促進するため、専門職団体が中心となって、多様な分野の施設・機関等において実施している社会福祉士の業務実態や所属組織におけるサポート体制などの環境実態を把握する必要がある。

図6-1 ソーシャルワーカー（社会福祉士）の基本的役割

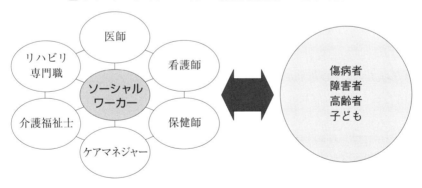

社会福祉士倫理綱領・行動規範および職業上のジレンマ

1 社会福祉士倫理綱領

　日本社会福祉士会の倫理綱領（前文）には、「われわれ社会福祉士は、すべての人が人間としての尊厳を有し、価値ある存在であり、平等であることを深く認識する。われわれは平和を擁護し、人権と社会正義の原理に則り、サービス利用者本位の質の高い福祉サービスの開発と提供に努めることによって、社会福祉の推進とサービス利用者の自己実現をめざす専門職であることを言明する。われわれは、社会の進展に伴う社会変動が、ともすれば環境破壊及び人間疎外をもたらすことに着目する時、この専門職がこれからの福祉社会にとって不可欠の制度であることを自覚するとともに、専門職社会福祉士の職責についての一般社会及び市民の理解を深め、その啓発に努める。……」と謳われ、「人間の尊厳」「社会正義」「貢献」「誠実」「専門的力量」の5原則を基本とする。

　また、「利用者の利益の最優先」「プライバシーの尊重」「秘密の保持」「権利侵害の防止」などの価値基準が設けられ、利用者の権利や尊厳の保持が重視される。さらに、実践現場における倫理責任として、「最良の実践を行う責務」「他の専門職等との連携・協働」「実践現場と綱領の遵守」「業務改善の推進」などが明記されており、社会福祉士の卵である実習生もこうした倫理を念頭に入れながら、場面ごとの判断や考察を行うことが重要である。

2 社会福祉士行動規範

　一方、「社会福祉士の行動規範」とは、「社会福祉士の倫理綱領」に基づき、社会福祉士が社会福祉実践において従うべき行動を示したものである。具体的には、「利用者に対する倫理責任」「利用者の利益の最優先」「受容」「説明責任」「利用者の自己決定の尊重」「利用者の意思決定能力への対応」「プライバシーの尊重」「秘密の保持」などが示されている。とりわけ、実習生においては、利用者の個人情報を収集する場合、そのつど利用者の了解を得なければならないという「プライバシーの尊重」、および業務を離れた日常生活においても利用者の秘密を保持しなければならないという「秘密の保持」が重要である。

3 相談援助職におけるジレンマ

　とはいえ、実習生が臨む実習現場では予期せぬことや判断に窮する場面が少なくない。こうした職業上のジレンマに対し、どう応じていけばいいのかを備えることも事前学習課題の一つとなる。以下、倫理が問われる具体的な場面を挙げておく。2～5人で一組となりグループディスカッションをすると、理解や認識が深まるだろう。

【倫理が問われる具体的場面の例】
　○（利用者・職員らと）プライベートな話はどこまでしていいのか？
　○実習先で（利用者・職員らと）住所やメールアドレスを交換してもいいのか？
　○利用者にけがをさせたり、自分がけがをした場合、どうすればいいのか？
　○利用者からお菓子をいただいた。どうすればいいか？
　○利用者のことをどのように呼んだらいいのか？

○質問したいのだが、職員が忙しそうで尋ねることができない。どうすればいいのか？
○職員に利用者との関わりについて質問したところ、一人ひとり、答えが違っていた。どうすればいいのか？
○実習施設で利用者への虐待を目撃してしまった。どうすればいいのか？
○実習指導者や職員に実習後、個人的に誘われた場合、どうすればいいのか？
○利用者から個人的な誘いを受けた場合、どうすればいいのか？

実習では、関係形成のために自己開示が求められたりするが、聞かれたこと以上のことを話したり、自分の家族や抱えている悩みごとまで話す必要はない。また、対利用者、対職員との関わりでも、実習期間中と実習終了後では異なってくる面があり、慎重な判断が求められる。仮に、実習指導者や職員などから個人的に誘われた場合には、まず、実習担当教員に相談し、どのような対応をすればいいのかを尋ねることが原則である。相手からの一方的な誘いに対して戸惑ったり、悩んだりすることもあろうが、実習担当教員に、実習先と養成校との関係性が壊れないような対応について助言を求めよう。くれぐれも実習生一人が抱え込んで対応しないように注意したい。

◎倫理とジレンマ

「倫理」（ethics）とは、『広辞苑 第六版』によれば、「人倫のみち。実際道徳の規範となる原理。道徳」とされ、何がよいか、望ましいかを示す「価値」とは異なり、何が正しいか、正解かを示すものとされる。つまり、ある綱領等に基づき、自身の言動の正しさを示すのが倫理といえる。

一方、「ジレンマ」とは、相反する２つの事柄の板挟みになって、どちらとも決めかねる状態とされ、抜き差しならない羽目、進退両難とされる。とりわけ、「職業的ジレンマ」という場合には、「実践のなかで、人びとや組織などの異なる価値観がぶつかり合い、何を優先すべきかを迷い、葛藤すること」を意味することが多い。実習生においては通常以上にこうした葛藤経験をすることが多いと思われる（図7-1参照）。ここでもできる限り、具体的場面を想定しながら判断や決定のための力量をつけておくことが求められる。

図7-1 実習生が現場における「人権侵害」等の疑いを発見した場合（参考事例）

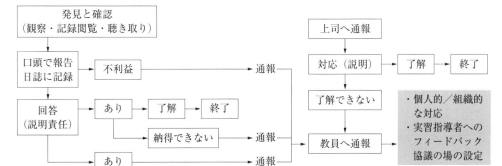

資料）日本社会福祉士会編（2009）『社会福祉士実習指導者テキスト』中央法規出版，112頁．

8　個人情報保護・プライバシー保護

1　個人情報とは何か、個人情報を保護するとは何を指すか

　社会福祉士など、業務上個人情報に関わることが多い者は、個人情報保護法や守秘義務について十分に理解することが求められる。個人情報保護法は2003（平成15）年に制定された。その後一部変更を経て2015（平成27）年に改正され、個人情報の定義が見直された。「生存している個人であること」「特定の個人が識別できるもの」「他の情報と照合することで個人を識別できるもの」についてはこれまでと変わらないが、「個人識別符号」と「匿名加工情報」、「要配慮個人情報」が新設された。「個人識別符号」とは、特定の個人の身体の一部をデータとして変換した文字、番号、記号などの符号や旅券番号や免許証番号のように個人に割り振られた文字、番号、記号などを指す。また「匿名加工情報」とは、個人が特定されないよう加工して匿名化すると個人は特定できないので、個人情報保護にはあたらないものとした。また「要配慮個人情報」とは、「人種、信条、社会的身分、病歴、前科、犯罪被害情報」に該当する場合を指し、本人への不当な差別や偏見が助長されないよう特に配慮が必要な情報であることが明記された。実習生は個人情報保護法を十分に理解するとともに、実習場面で具体的にどんな配慮が求められているかを理解することが重要である。実習報告書や実習報告会の資料を作成する際には、利用者や患者の名前をイニシャルにし、その他の情報についても加工し使用する。十分に加工した上であれば、個人が特定されないが、その他の知り得た情報については利用者や患者の許可なく漏らしてはならない。

　また実習生は、実習で学んだことを大事な情報として忘れないよう実習記録やメモをするが、それには個人情報が多分に入っている可能性がある。したがって、メモを落とす、コピー機に記録用紙を置き忘れる、不特定多数の人が乗り合わせる公共交通機関や学食、コンビニ等で実習での経験を、個人情報を交えて不用意に話すことは、厳に慎まなければならない。情報の持ち主は利用者や患者であり、情報を収集した実習生のものではないことを十分に理解することが重要である。

2　プライバシーとは

　プライバシーとは他人の干渉を許さない、個人の私生活上の自由のことである。実習先は通所や入所施設、あるいは病院、地域包括支援センターや児童相談所、福祉事務所のような相談機関、社会福祉協議会等が多く、それぞれの実習先で利用者や患者、地域住民の暮らしぶりを知る機会を得る。個人情報とプライバシーは同じ意味として用いられる傾向にあるが、プライバシーの方が意味としては広い。プライベート空間やパーソナルスペースのように、他人に踏み込まれると不快に感じる空間を指す言葉もあるように、心地よく快適に安心して暮らすためにプライバシーは保護されるべきものであることはいうまでもない。居室に入るときにノックをし、そのスペースに入ることを許す権限を持っているのは利用者であるように、プライバシーに踏み込む際には、利用者や患者の心情を理解し、その必要性を理解してもらうことが求められる。児童養護施設の子どもの机やランドセルのなかを勝手に見たり、掃除のために部屋に許可もなく入るなどはプライバシーを侵害されたと感じる行為になる。また医療機関では診察室での会話がカーテン越しに

隣の診察室に筒抜けになっていることもある。悪気がない行為でも、相手にとってはプライバシーへの配慮が欠けていると感じられる行為になることはよく見受けられる。実習先では、プライバシーと個人情報それぞれをどのように保護しているのかを学ぶことは重要な課題である。また現場では一人ひとりの職員が実践できるよう研修などもしているだろう。プライバシーポリシーを掲げている施設もあり、プライバシーについての意識は決して低くはない。なぜならばプライバシーを尊重することは、その方自身を大切にしていることに直結し、他人のプライバシーに鈍感な支援者は信頼を得ることはできないからである。プライバシーに関する感覚は人によって異なるが、入所型施設の場合には、トイレや浴室、居室等での配慮は共通していることだろう。自分の暮らしを振り返りながら、プライバシーを尊重することはどのように行動することなのか、プライバシーに踏み込む際に留意すべきことなどを、ぜひ相談援助演習等で学んでほしい。

3 守秘義務とは

　日本社会福祉士会の倫理綱領および行動規範にもあるように、社会福祉士にとって守秘義務はもっとも重要なものの一つである。では、実際実習先ではどんな個人情報に触れるのだろうか。

　実習場面では氏名や住所、年齢や障害名、要介護度、既往歴や現病歴、生育歴や生活歴、家族関係等、多様な情報に触れ、その情報を支援に活かす。ともすれば、実習生は支援のために利用者や患者のあらゆる情報が必要なのではないかと勘違いすることがあるが、そうではない。情報収集においても優先順位があり、支援に必要がない情報は収集する必要はない。サービスを提供するために必要となる情報もあるが、個別に支援をする際はアセスメント項目を整理し、何に関する情報が必要なのかを吟味することが求められる。その上で、なぜこの情報を収集する必要があるのか、その目的を利用者本人に説明をした上で合意を得ることが肝要である。利用者によっては、認知症や障害によって、個人情報収集の意義や守秘義務について理解することが難しい方もいる。しかし、理解が難しいからといって、説明をしなくていいということではない。また、家族に説明をしたからご本人への説明を省いていいということではない。実習先では実習生を受け入れるにあたって、学生が個人情報に触れることについて了解を得ていることが多いが、しかし、実習生が個人情報に触れる際には、得られた情報をどのように扱うのかを説明することも大切な学びである。認知機能が低下している利用者や患者にはどのような説明方法があるかについても、実習指導者や実習担当教員の指導を受け実施していくことが求められる。

◎伝えたいポイント

- ・個人情報とは何かについて理解する
- ・個人情報が漏洩しやすい場面や状況について理解する
- ・プライバシーとは何か、個人情報との違いを理解する
- ・社会福祉士の倫理綱領などを熟読し、守秘義務の重要性について理解する
- ・守秘義務を遂行するために、実習関連書類の取り扱い方法を確認する

9　個別面談

1　個別面談の意義

　初めて相談援助実習に行く学生のなかには、実習期間を乗り切れるだろうかと不安や心配に思う者もいるだろう。相談援助実習に限らず初めての経験には不安や心配はつきものだが、実習前にこの不安や心配をできるだけ解消することが必要になる。実習前に実習担当教員と学生が個別面談を行う意義はここにある。

　実習前の個別面談では、実習担当教員が学生の思いに耳を傾けながら、①学生の不安や心配、②実習を希望した経緯や理由、③実習を通じてどんなことを体験したいと思っているのかといったことを確認する。まずは実習担当教員が学生の思いを知るプロセスのなかで、信頼関係を育むことが重要である。学生が率直に思いを語り、それを実習担当教員に受け入れてもらえることを通じて、「実習担当教員には素直に自分の気持ちを表現できる」「相談できる人が側にいる」ことを感じることができる。実習担当教員が不安や心配に寄り添う姿勢は学生に安心感を与え、チャレンジする勇気にもつながる。

　実習担当教員にとっては、個別面談を通じて実習に関する事柄に留まらず、学生の生活の様子や物事に対する考え方、これまでの生活のなかで直面した課題についての課題解決方法や対処能力、忍耐力、人間関係、説明力等を知ることができる。個別面談が単なる情報収集や情報の伝達にならないよう、実習担当教員と学生双方が個別面談の目的を理解することが重要である。

2　個別面談で整理すること

　学生の不安や心配が引き起こされる原因の一つは、社会福祉士は「誰のために」「何をするのか」といったことや、「実習目的」、「どんな分野で」「何を学びたいのか」等が明確になっていないことがある。個別面談のなかでは、学生は稚拙でもいいから自分の言葉で、社会福祉士とはどのような役割を担う職種で、自分はなぜこの資格の取得を目指すのか、資格取得を目指すにあたり、約１ヶ月という時間を、どんな場所で、誰のために、何をしている場面に同席しながら学びたいと思っているか等を語ってみよう。この段階では学生は必ずしも体系的に社会福祉士の役割や、実習目的、実習分野の選択に必要な知識が語られるとは限らない。しかしながら、学生が語るエピソードや語る言葉には、実習目的や社会福祉士の役割や機能、活躍の場、利用者への理解、多職種連携などについて、実習担当教員が理解を促すための素材が潜んでいる。

　実習担当教員は学生自身が語ったエピソードなどを引用しながら、社会福祉士や利用者、利用者が抱える課題、相談援助実習の意義等について整理することになる。教科書を読んでも、学生にとっては自分の体験などに引きつけて理解することは容易なことではない。個別面談で語られるエピソードや体験を社会福祉士の視点から実習担当教員が整理するプロセスを学生自身にも体験してもらうことで、社会福祉士の役割や機能を明確に理解できる機会にもなり得る。

3　個別面談の前に目的を共有しよう

　実習前の個別面談の目的は、実習担当教員と学生が実習について話し合い、抱えている不安や心配事を軽減ないしは解消しながら、実習へのモチベーションを高めることなどである。また実

習では実習担当教員と学生、実習指導者がチームとして機能することも重要であるため、まずは学生と実習担当教員が個別面談を通じて率直に話し合える関係を育むことが重要である。

　配慮が必要な学生の場合、具体的にどんな支援が必要なのか、実習先にはどのような情報を提供するかについて、個別面談の機会を通じて具体的に相談することもできる。もちろん実習先も依頼したことがすべて実現してもらえるわけではないため調整が必要になる。そのため実習担当教員は学生に対して、実習施設の事情や現状、受入環境など、実習施設と連携を図りながら学生に情報を提供することが求められる。

4　個別面談の前には準備をしよう

　個別面談を行う際には、実習担当教員と学生双方が事前に準備をすることが求められる。簡単な様式でいいので、面談記録が残るように記録用紙を作っておくとよい。事前学習に取り組むなかで、なかなかモチベーションが上がらなかったり、実習中にアクシデントがあった場合にも、この情報が活かされることもある。あらかじめ学生に記載してもらい、それを手元に置きながら個別面接を行う。この段階で学生の話から気になったこと、実習中に配慮が必要なこと、授業について不安なこと、学生が繰り返し口にした言葉など、実習担当教員が実習指導を行う際役立つ情報を残しておく。実習を経験すると学生は驚くほど成長するが、ベースラインを知っていると、成長度合いを評価するのにも役立つ。

◎伝えたいポイント

- ・学生は実習担当教員に実習前の不安や心配を率直に語ろう
- ・不安や心配を理解してもらうことで前向きな姿勢を取り戻せることを理解しよう
- ・不安や心配を解消するために社会福祉士の役割や機能、実習目的を明確にしよう
- ・実習担当教員に自分が社会福祉士を目指すきっかけになったエピソードや体験を語り、実習に向けたモチベーションを高める手伝いをしてもらおう
- ・実習担当教員は学生の語るエピソードや体験を、社会福祉士の視点からリフレーミング（否定語を肯定語に置き換えること）し、説明しよう

◎面談記録に盛り込む内容

- ・入学の動機
- ・社会福祉士資格を目指す理由（具体的なエピソードや体験）
- ・実習を行う上で感じている不安や心配など
- ・現時点での希望する実習分野
- ・学生が持つ強みと弱み

10 見学訪問のオリエンテーション

1 見学訪問のオリエンテーション

　オリエンテーションとは、人が新しい環境に適応できるように、組織のルール等について説明することを指す。見学訪問は本実習が充実するよう行われるものだが、見学訪問の位置づけや目的、見学訪問ではどのようなことを学ぶのかについて学生に確認し、見学訪問が効果的なものになるよう指導する。オリエンテーションは実習希望者が一堂に会して行われることが多いので、ボランティアや本実習で加入が必要な保険に関する情報や公共交通機関の定期券の申し込み方法等、見学訪問や本実習に関する情報を周知することができる。見学訪問の時期が養成校によって異なるので、必要に応じて複数回開催してもよい。オリエンテーションでは必ず出席を確認し、どうしても欠席しなければならない場合には欠席届を事前に提出させることが大切である。事前の申し出なく遅刻や欠席をする学生のなかには、実習への意欲が低かったり、実習に行くことを迷っている者もいる。そのような学生の存在を把握すると、早期介入が可能になる。

　また、配慮が必要な学生のなかにはオリエンテーションの日程や教室を記載した用紙を紛失したり、忘れたりする学生もいるので、掲示や教務課など、複数の場所で確認できるようにする。プリント等を保存することが苦手な学生もいるので、写真データで保存するなど、学生の特性も把握し指導に活かす。配慮が必要な学生には、見学訪問先で提供される情報の保存方法について、どのような方法が適切か確認し見学実習先にも伝えておくとよい。配慮の程度や方法は学生によってかなり異なるので、オリエンテーションでは配慮の必要性を申し出ることで得られるメリット等を周知し、申し出やすい工夫をすることも求められる。オリエンテーションのときに、見学訪問を経験した学生から様子を話してもらう機会を作ってもいいだろう。見学訪問前の学生にとっては、見学訪問は不安が強いので、実習担当教員から見学訪問の様子を話すより、見学訪問を経験した学生の話の方がリアリティがあり、質問もしやすい。見学訪問を経験した学生がオリエンテーションに出席することができない場合には、学生間で情報共有できるよう顔合わせをする機会を作ってもよい。

2 見学訪問オリエンテーションでの確認事項

　見学訪問のオリエンテーションでは、見学訪問を行うための心構えや必要な準備事項、服装や見学訪問先で守らなければならないルールや約束などについて周知する。具体的には以下に示すように細かなこともあるので、周知したい事項を印刷配付し、学生が何度も確認できるようにしよう。

　（1）服装や身だしなみに注意しよう　　見学訪問をする際、スーツを着用する場合もあれば普段着で訪問する場合もあり特に決まりはない。しかし、あまりにもルーズな服装では、実習に対する意欲が疑われかねない。また女性の場合には化粧が華美になり過ぎないよう配慮する。関わる利用者のなかには実習生の服装や化粧、持ち物などに興味を抱き、真似をしたいと思う方もいる。自分の服装や身だしなみがどのような影響を与えるかを理解し、適切な服装で訪問しよう。アクセサリーなども見学訪問には不要なので、身につける必要はない。時間は携帯電話でも確認

できるが、見学訪問時だけでなく実習中に時間を調べるときには腕時計がある方が便利である。ただ、実習施設によっては腕時計を身につけない方がよい場合もあるので、見学訪問時に確認しておくとよい。

(2) **言葉遣いには気をつけよう**　　敬語を使い慣れていない学生が見受けられるが、敬語は普段から使っていないと咄嗟のときに出ないものである。見学訪問をはじめ実習でも関わる方々のほとんどは目上の方である。児童と関わる場合にも、児童にとって耳から適切な敬語が入ってくる機会は重要である。普段から適切な日本語を使う習慣を身につけよう。また敬語もさることながら、普段友人と話す際も思いや感情を適切に言語化することを意識してコミュニケーションを取ると、語彙力の必要性や表現力を育むことの重要性に気づくことができるだろう。話す力や聴く力が大切なことは誰もが理解しているが、話す力や聴く力を育てるには時間がかかる。見学訪問など、普段接することのない実習指導者と実習について相談する機会を通じて、自分のコミュニケーション能力を点検し、TPO に合わせたコミュニケーション力を育もう。

(3) **アクシデントへの対応**　　見学訪問の際、想定されるアクシデントへの対応についても理解しておこう。例えば公共交通機関が遅れる、あるいは公共交通機関に乗り遅れる、事故にあう等アクシデントに見舞われることもある。アクシデントは避けられないこともあるが、そのときにどう対応するかが重要である。アクシデントに見舞われた場合、時間までに見学訪問先に到着できない、あるいは到着できない可能性があるならば、必ず見学訪問先と大学に連絡を入れよう。アクシデントへの対応力は実習でも必要となる力である。混乱した状況でも優先順位を考え行動できるようにしたい。

(4) **守秘義務等**　　見学訪問をする際、施設内を見学するだけでも個人情報に触れる機会がある。居室や掲示板などに名前が貼ってあるなど、誰が入所しているのかを図らずも知ることがある。学生の出身地の施設や病院が見学訪問先である場合には、知り合いが利用していることを知ることに付随して、普段の暮らしぶりや色々な個人情報をすでに知っていることに気づくこともある。入所や入院をしていることを知られたくないと思っている利用者や患者もいるので、そういう場合の対応について実習指導者とあらかじめ相談しておこう。

◎伝えたいポイント

・見学訪問オリエンテーションは大切な情報が提供されるので、遅刻や欠席はしない
・見学訪問先によって確認する事項は異なるので、全体の指導のなかで自分の見学訪問先について不明な点は確認しよう
・前年度に見学訪問や実習を経験した先輩とつながりを作り、注意事項や事前準備に関する情報を入手できるようにしよう
・見学訪問や実習において配慮が必要だと感じている学生は、事前に実習担当教員に申し出てどのように配慮してほしいか具体的に伝えよう
・社会人に求められる力を理解し、普段からその力を養うよう心がけよう

第 1 部　実習事前学習入門　*21*

11 ソーシャルワーカー（社会福祉士）の資質と倫理 I （ソーシャルマナー入門編）

1 マナーと表現方法（表情、身だしなみ、言葉遣い、態度・行動等）

　学生は実習中、各場面において注目される存在である。その際、外見のみでイメージがつくられやすく、周りへのアピールとも受け止められやすいことを自覚しておく必要がある。つまり社会福祉専門職として、利用者または家族との信頼関係を築くにあたり、印象形成は基本的な対人マナーとも言い換えることができる。さらに第一印象はおおよそ約7〜10秒ほどで決まるともいわれており、些細なことでのマイナスな評価を避けるためにも、事前の心構えとしてマナーや表現方法を意識すべきである。まずは第一印象を形成するもっとも重要な要因として表情がある。「笑顔」はもちろんのこと、ただ笑っているだけでは、軽蔑感を相手に与え、誤解を招くこともあるため注意が必要である。意識的に口角を上げ、目元に心を込めるような「笑顔」を心がけることが大切である。また表情には視線（アイコンタクト）も含まれることにも留意したい。目線は相手の目の高さに合わせるだけではなく、相手に配慮した距離感を保ち、正対して相手に応じることが重要である。次に身だしなみに関しては、相手に不快感を与えないことが基本であるが、特にマニュアル的なものは存在しないため、好印象を与える「清潔感」を重視したい。実習時のユニフォームはきれいに洗濯したものを着用し、靴も清潔感のある「機能的」な物を選びたい。また髪は自然なカラーを基調とし、フケ等に注意を払うとともに、特に女子は長い場合、華美でないバレッタ、ゴム等を使用しまとめる。化粧は薄化粧が基本であり、アクセサリー、ネイルカラーは厳禁とする。かつ実習期間として多い夏場は体臭等にも気を使うことも忘れてはならないが、香りの強いコロンやデオドラントローション等の使用は控えるよう心がけよう。身だしなみに関しては、独自の「身だしなみチェックリスト」等を作成し、事前確認することも一案であり、さらに言葉遣い、行動に関しては、学生として好感の持てる、適切で謙虚な言葉遣いが大切。特に実習中は挨拶で始まり、挨拶で終わるといっても過言ではないため、基本的に相手を選ばず、出会った相手には必ず敬意を表し、気持ちを込めて、はっきりと挨拶しよう。そのためにも普段から「表情」「適切な言葉遣い」「挨拶」等を日々の習慣として身につけることが期待される。

2 利用者との適切な表現方法

　利用者とのコミュニケーションにおいては、相手の話を聴く、頷く、視線を合わせ穏やかに微笑む、等を基本とし、社会福祉専門職としての接遇力として第一印象で培った好感度から、より信頼度に変化させることが求められる。つまり「話し方」「表現力」が試されるのである。そのためにも敬語は相手を敬う大切な言葉であるため、敬語の使い方には注意を払うことを心がけたい。また話し方のマナーとしても次のような工夫を試みることが重要である。①会話のタイミングをしっかり把握し、適度な相槌を行う。②相手が話しているときは、話を中断させない。③専門用語はできるだけ使用せず、わかりやすい表現を心がける。④言い切り的な断定的表現は慎む。⑤相手の目を見て話す。ただし見つめすぎると相手が緊張することがあるため、時折目をそらすことも必要である。⑥話す内容は、短めに30文字以内を意識する。⑦会話中、相手にしっかり伝えたい重要な部分はゆっくり、はっきりと話す。⑨相手に伝える方法としては「6W3Hの情報伝達

テクニック」を意識する。⑩自身の口ぐせ（口癖）は普段から自覚しておき、会話中は特に気をつける、等である。

3 専門的な人間関係構築に必要な表現方法

相談援助実習において、利用者との交流は根幹であるが、実習現場となる組織内における情報の伝達方法も、社会福祉専門職として学ばなければならない課題である。そのためには実習施設および機関における円滑な情報の共有化を目的とする表現方法のあり方を理解する必要がある。よく耳にする方法の一つとして「ほう（報告）れん（連絡）そう（相談）」という代表的なマナーがある。ちなみに相談援助実習において「報告」とは、実習指導者の指示を受けて行った行為、経過、結果を実習指導者に報告することである。その際の注意として、①重要な報告はすぐに行う、②事実、意見は区別して報告する、③実習過程の進捗状況を随時報告する等である。次に「連絡」とは学生から実習指導者、実習関係者に情報を伝えることであり、またその逆もありうる。連絡に関する心構えとしては、①迅速に連絡を行う、②連絡内容の順番を考慮する、③個人的憶測や考え等は避け、具体的かつ正確な内容を伝えることが大切である。そして最後に「相談」とは、意見、考え方に迷いが生じた場合、実習指導者より助言等を受けることで、ソーシャルワークにおいてはスーパービジョンの一部分として該当する。相談する際の留意点としては、疑問、不安等がある場合は直ちに相談し、その際は内容を事前に整理しておくことが肝心である。ただし相手の都合を考慮し、相談する実習指導者、または関係者の予定に合わせることに注意したい。

◎伝えたいポイント

- 第一印象の形成は笑顔、清潔感、言葉遣い、立ち居振る舞いが基本
- 利用者との信頼関係は対人マナーに留意して行う
- 「ほう・れん・そう」から福祉専門職としての「専門的人間関係」を理解する

◎情報伝達のポイント（6W3H）

・Who（誰が）	情報の主体は誰か
・Whom（誰に）	情報の相手は誰か
・When（いつ）	情報の時期はいつか
・Where（いつ）	情報の場所はどこか
・What（何を）	情報の内容はなにか
・Why（なぜ）	情報の理由はなにか
・How（どのように）	手段はなにか
・How many（どのくらいの量・数か）	
	量・数はどれだけか
・How much（いくらか）	金額はいくらか

出典）筆者作成。

◎第一印象形成の要因
（メラビアンの法則）

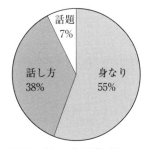

出典）A. Mehrabian (1971) *Silent messages*.

◎ステップアップ

マジョリー・F・ヴァーガス，石丸正訳（1987）『非言語コミュニケーション』新潮社．

12 ソーシャルワーカー（社会福祉士）の資質と倫理Ⅱ
（ソーシャルマナー超基礎編）

1 見学訪問先に電話をする前に練習しよう

　見学訪問を行う際には、まずは訪問先に電話して訪問日時を決める必要がある。携帯電話の普及により、話したい相手と誰も介さずに直接電話ができるようになった。携帯電話が普及する以前は、話したい相手の自宅や職場に電話をし、家族や受付などに自分の名前を名乗り、誰に用件があって電話をしたのかを伝え、本人につないでもらうという段取りを踏まなければならなかった。留守であれば、連絡先を伝えて折り返し電話をもらうか、あらためて連絡する旨を伝えて再度連絡をするなど工夫が必要だった。携帯電話は基本的に持ち主以外が電話に出ることはないため、簡単な自己紹介ですぐに話題に入ることができる。携帯電話は便利ではあるが、日常的に電話のかけ方を練習したり、失敗したりする機会が得られにくくなったともいえる。学生が見学訪問先への電話連絡に緊張を伴うのは、電話連絡の基本的な対応の練習が不足していることが原因であることが多い。したがって例えば学生同士で電話対応の練習をするなど、実習先とのやりとりを模擬体験することも必要だろう。慣れてしまえば電話連絡はそれほど億劫なことではない。社会福祉士を目指す学生が備えるべき技術の一つが電話対応技術であるので電話連絡に慣れよう。社会福祉士の実践現場では、利用者や家族との連絡調整の際、電話を活用することが多い。直接相手と顔を見て話す際は、相手の表情や身振り手振りなど、話の内容を補足できる非言語的コミュニケーションからも情報が入るが、電話では相手の顔が見えず、理解の程度も表情から推し量ることはできにくくなる。学生は単なる見学実習のための電話連絡と捉えず、社会福祉士にとって重要なスキルを磨く機会であることを理解し、練習することが求められる。

2 さあ電話をしてみよう

　見学訪問先に電話をするときには、①所属と氏名を伝え、②どういう用件で電話をしたのか受付の方に伝える。③実習指導者が電話に出たら、再度名乗り、どのような用件で電話をしたのかを伝える。④日程調整の場合、授業などで平日は訪問できる時間が限られていることもあるので、都合のよい日を聞かれたときには「こちらの都合を申し上げて恐縮ですが」などと前置きしながら、都合のよい日時の候補を複数挙げよう。事前に必ず訪問できる日時を複数考えてから電話をすること。⑤日程が確定したら、「確認させていただいてよろしいですか」などと伝えながら、日程の確認をしよう。場所なども含めて確認すると安心である。持参する物などを指示されることもあるので、日時や場所とともにメモをして忘れないようにしよう。今後連絡をする際には何時ごろに電話をしたらよいのかについても、聞いておくと安心である。電話は顔の表情が見えないので、声の抑揚に注意し、よい印象が伝わるように話し方を工夫しよう。声の雰囲気が第一印象になる。見学訪問の日程調整のための電話ではあるが、電話を通じて実習指導者との良好な関係が芽生えるよう、ていねいに対応する。

3 見学訪問での注意事項

　（1）見学訪問時のマナー　　学生であっても、見学訪問の際には社会人としての振る舞いが求められることを忘れてはいけない。コートはいつ脱ぐのか、脱いだ靴はどこに置くのかなど、些

細なことかもしれないが、そういうところで普段の暮らしが透けて見えるのである。普段からきちんとした暮らしをしている学生はその立ち居振る舞いからわかる。初めからできるわけではないので、マナーブック等を参照し社会人としての振る舞いを身につけよう。見学訪問に行く前に、電話連絡の練習に加えて訪問時のマナーも確認するとよい。練習すれば必ず身につくので、繰り返し練習しよう。

（2）**適切な言動を心がけよう**　　電話は顔が見えない分、話し方や声の調子にも気を配ろう。電話の印象がのちの関係に影響を与える。したがって、ていねいに話すことを心がけよう。

場面	適切な言動の例示	不適切な言動の例示	ポイント
実習指導者を呼び出してもらう場合	「（用件を伝えた後）恐れ入りますが、○○さんいらっしゃいますか」	「（用件を伝えた後）○○さんいますか」	乱暴な言い方に聞こえないようにしよう
実習指導者が電話に出たら	「（この度はお世話になりますなどの言葉を添え、所属と名前、用件を伝え）今お時間よろしいですか」	自分の聞きたいことだけを聞く。「見学訪問の日程を知りたくて電話しました」	相手を気遣う言葉を使うことが大切
うまく連絡がつかず、何度か電話をするとき	「行き違いになってしまい何度かお電話をさせていただいている○○学校の○○です。お世話になります。お忙しいところ恐縮ですが、○○さんと○○の件でお話させていただきたいのですが、○○さんいらっしゃいますか」	「何回か見学訪問のことで電話をしているんですが、○○さんいらっしゃいますか」	不躾な印象を与えないよう、ていねいに説明しよう

◎伝えたいポイント

・見学訪問の目的を明確化し、言葉にして他者に説明してみよう
・実習指導者とのやりとりを想定して電話連絡の練習をしよう
・約束した時間に電話をしてもなかなか実習指導者と連絡がつかない場合、受付の方への伝言も忘れずに
・適切な敬語が話せるよう、普段から練習しよう
・訪問時にマナー違反をしないよう、マナーブック等を見て社会人としてのマナーを身につけよう

13 見学訪問先の調整

1 見学実習の目的

　24日間の実習を行う前に、事前学習を深めるために行われるのが実習先への見学訪問である。訪問時期は養成校によって異なり、前年度に行うこともあれば、直近で訪問するケースもあるだろう。直近で訪問する際は、概ね実習開始の1ヶ月前が目安となることが多い。

　見学訪問の前には、①社会福祉士を目指す理由、②見学訪問先を選択した理由の明確化、③見学訪問先の施設や機関の根拠法、サービス利用に至るまでの流れの理解、④見学訪問先の概要（法人の沿革や理念、各事業所の事業内容や定員等）、⑤見学訪問で学びたいこと、知りたいことの整理、⑥見学訪問先までの公共交通機関の確認、⑦実習計画書などを準備する必要がある。見学訪問時には限られた時間のなかで可能な限り多くの情報が収集できるよう、見学訪問シート等に記載しておく。最低限必要となる事項はどの分野であっても共通している。したがって、学生同士でグループディスカッションを行い、事前学習で得られた知識を報告し合いながら、互いに不足している部分を補い合おう。グループディスカッションのなかでは、他の学生から質問も出るだろう。質問されたことは説明の不足、わかりにくかった部分だと理解し、再度調べ直す必要がある。見学訪問時に、事前学習が十分にできていれば、実習プログラムについても踏み込んだ話し合いができる。したがって、仲間を実習指導者に見立てて、自分の実習について学んだことや実習に対する希望、要望、実習計画書について説明をし、説明力を育もう。

　実習は社会福祉士としての実践力を磨くためにある。しかし、実習は貴重な機会ではあるが、残念ながら実習だけで社会福祉士の実践力が身につくわけではない。実習指導の時間を使い、グループディスカッションなどに積極的に参加し、説明力や質問力などを養えるようにしよう。

2 見学訪問で学んだことは記録しよう

　見学訪問に行く際、見学訪問シートには実習指導者から説明を受けたいことや聞きたいことを書き出し、また、学生間のグループディスカッションで質問を受けたこと、仲間の話を聞いて理解が深まったことも記録する。さらに見学の際に確認しなければならないことも加えておく。例えば、初日はどこの玄関から入るのか、私物はロッカーなどに保管するのか、食事はどこで取るのか、実習日誌は、誰にいつ提出するのか、出勤簿はどこに保管され、いつ押印するのか等、些細なことだからと思わず、気になることはすべて漏らさず記載しておこう。

　また学生によっては病気や障害などにより、実習プログラムについて配慮が必要な場合もある。実習担当教員からも実習指導者に説明するが、どのような場面で、どう配慮してほしいのかについては、学生自身が具体的に説明できるようになるとよい。もちろん話しにくいこともあるので、その場合には実習担当教員からもサポートしてもらおう。

　見学訪問から戻ったら、見学時に記載したデータを見直し準備に活かす。グループディスカッションを行い、見学訪問のときに得られたデータは学生間で共有してみよう。他者に説明することで、わかったつもりだったのに確認できなかったことや、聞き漏らしに気づくこともある。その場合には見学実習先に問い合わせて再確認したり、調べて理解したりすることもできるので、

情報がうまく取れなかったことを悔やんだりせず、リカバーする方法を検討しよう。

◎伝えたいポイント

・見学訪問を機に、社会福祉士資格取得の動機、見学訪問や実習への意欲などを再確認する
・グループディスカッションを繰り返し、他者に説明できる力を養う
・見学訪問で実習指導者とよりよい関係性が芽生えるよう、準備は怠りなく行う
・実習を行う際に配慮が必要な学生は申し出よう。すべてに配慮がなされるわけではないかもしれないが、学ぶ上で適切な環境づくりに協力してもらおう
・見学訪問で得られたデータは可能な限り記録する

◎見学訪問シートのサンプル

　見学訪問の事前準備から見学訪問で得られたデータを記載する際、ある程度項目が明確化された方が書きやすいこともある。自分で書いたことを基本に、ディスカッションで指摘されたことなどは、色を変えて加筆すると自分で気づかなかったことの記録が残る。シートの中身もさることながら、使い方を工夫すると見える化しやすいので、工夫しよう。

○○大学　○○学部　○○学科　○○専攻　○年　学籍番号　　　　氏名	
社会福祉士資格取得を目指す理由	
見学訪問先を選択した理由	
見学訪問で学びたいこと	見学訪問で学べたこと
施設見学で確認したいこと	施設見学で学べたこと
見学訪問で学びきれなかったこと	

14 電話依頼の適切な方法

① 顔の見えない電話でのコミュニケーション

　初めて実習先に電話をかけるときは、実習生の第一印象を左右するものとして、とても大切な場面だ。電話は顔が見えない状況でのコミュニケーションとなり、声のトーンや話し方、言葉の遣い方で印象が大きく変化する。最近は日常的に電話をかけたり、受けたりすることが少ないため、「電話が苦手」という学生も多いが、電話のマナーを覚えておくと、実習中、そして、ソーシャルワーカーになってからも、円滑に仕事を進められる。できるだけ早く苦手意識を払拭して、スマートに電話でコミュニケーションを取れるようになりたいものである。

　実習に向けて、実習生は必ず実習先に挨拶に行くことになる。さらに実習計画作成など、実習が始まる前から、実習生は電話で連絡をしたり、実際に足を運びながら実習準備が進められる。

　ここでは、電話で連絡をする際のマナーの基本を確認しておきたい。

② 電話のかけ方と留意点

　電話をかける際には、事前準備、タイミング、電話での話し方、電話の切り方など、基本的なプロセスがある。事前準備としては、電話の要件を整理してから連絡をしよう。実習前の挨拶なのか、事前準備として聞きたいことがあるのかなど、話すべきことが明瞭になっていることが重要である。そうした上で、手元にメモ帳と筆記用具を準備してから電話をかけるようにしよう。実習の際には、実習先への訪問の日時やアクセスについて説明を受ける可能性が高いためである。また、実習時以外であっても、電話連絡の際には重要なことがらや忘れてはならないことなど、様々なことがやりとりされる。大切なことをしっかり記録を取るためのメモの準備は必須である。電話で連絡をする際、気をつけるべきことは、そのタイミングだ。通常、朝や業務終了間近の夕方の時間帯、そして昼休みの休憩時間やその前後を避けて連絡をするようにしたい。一度かけて不在だった際には、いつかけ直したらいいか、適切なタイミングについて、電話を受けた方に聞いてみるといった工夫も必要である。

　電話で話をする際には、明るい声で、ハキハキと話すこと、明瞭に慌てずに話すようにしたい。まず学校名と名前を伝え、忙しい最中に時間をとっていただいているお詫びをした上で、要件を伝える。その際、学生らしく明るく、ていねいな言葉遣いで話をすることで、実習先から学生への信頼は一気に高まる。普段、電話をかけ慣れない人は、話をする原稿を用意しておくことも効果的かもしれないが、原稿の棒読みにならないようにくれぐれも気をつけよう。実習指導者からは、訪問日時や持ち物、今後の連絡先など、重要なことが伝えられるだろう。その際には必ず復唱して、聞き間違いがないかを確認した上で、メモを取って後から確認できるようにしよう。

　質問事項があったらそのままにせず、遠慮をしないで必ずその場で尋ねるようにしよう。質問を躊躇してしまったために、勝手に判断をして、あとで自分が困ったり、実習先に迷惑をかけるようなことは回避したいものである。

　最後に、電話を終える前には、再度、対応してくださったことに対するお礼をていねいに伝え、静かに受話器を置く。実習生にとっては相手の方が目上なので、相手が電話を切ったあとに、

そっと自分も電話を切るようにするのがマナーである。

　電話を終えて、実習先への訪問日時が決まった際には実習担当教員に早めに報告するなど、「ほう・れん・そう」（報告・連絡・相談）を徹底するようにする。また、急な変更等がある場合があり、そうした際にはそのつど、速やかに実習担当教員に連絡するようにする。なお、複数名で実習先にお世話になる場合には、その代表者が実習先とのやりとりをし、決定した事柄を実習担当教員のときと同様、他のメンバー全員に確実に伝えるようにする。

◎実習先への電話の基本（例）

　まず最初に、自分から名乗り、相手の都合を確認してから、できる限り明るい声で、ハキハキとていねいな言葉遣いで話そう。その際、相手や場面に合わせ、丁寧語や謙譲語も、しっかりと使いこなしてほしい。

事前準備
　メモの準備。話す内容の整理。タイミングを考えて電話をする

電話のかけ方
　「初めまして。私（わたくし）、○○大学○○学部の○○と申します。このたび社会福祉実習を受け入れてくださいましてありがとうございます。○○様はいらっしゃいますでしょうか」

実習指導者が不在の際には
　「あらためてご連絡を差し上げたいと思いますが、いつごろご連絡をしましたらよろしいでしょうか」

実習指導者が電話に出たら
　「初めまして。私（わたくし）、○○大学○○学部の○○と申します。○月から△△（実習先の名称）で社会福祉実習をさせていただくにあたり、ご挨拶にお伺いしたいのですが、ご都合のよろしい際にお伺いしましてもよろしいでしょうか」
　（訪問日時、事前準備や持ち物などを確認し、連絡先などの重要な事項を復唱しメモを取る。わからないことは遠慮せずに尋ねる。聞きづらいからといって、勝手に判断しないようにする）

電話を終える前に
　「お忙しいところありがとうございました。実習では頑張りますので、どうぞよろしくお願いいたします」とていねいに挨拶する

電話を切る際には
　相手が切ってから、自分も電話を切る
　電話は静かに切る

第1部　実習事前学習入門　　29

15 個人情報保護と守秘義務

1 ソーシャルワーカーにとっての守秘義務

守秘義務とは、一定の職業に就いた者はその職務上知ることとなった秘密を守らなければならないという義務のことであり、職業ごとに法律によって定められている。ソーシャルワーカーについては、社会福祉士及び介護福祉士法（第46条　秘密保持義務）に定められており、その条文は「社会福祉士又は介護福祉士は、正当な理由がなく、その業務に関して知り得た人の秘密を漏らしてはならない」となっている。さらに、ソーシャルワーカーの倫理綱領にも、情報の共有を含めた守秘義務について定められている。ソーシャルワーカーは以下に示すように、個人情報保護法および倫理綱領にのっとって、職務を遂行することが求められる。

2 個人情報保護法の成立とその背景

日本における個人情報保護法は、情報化の急速な進展により個人の権利利益の侵害の危険性が高まったことを受けて2005（平成17）年に全面施行され、2017（平成29）年に改正個人情報保護法が施行された。この法律の理念は国民が「個人として尊重される」という憲法第13条にも密接に関連しており、ソーシャルワーカーも、憲法の精神および改正個人情報保護法を遵守することが求められる。

3 個人情報保護法で定められる内容

ソーシャルワーカーは、面談の場面をはじめ、多くの個人情報を収集するとともにこれを記録し、機関内で保管することとなる。そのなかには、家族構成や生育歴、病歴や障害の程度など、多くのプライバシーの情報が含まれる。個人情報とは、氏名、生年月日、住所、電話番号、メールアドレスなど特定の個人を識別できる情報であり、生存する個人に関する情報である（外国人も含まれる）。こうした情報を扱うことが多いソーシャルワーカーには、個人情報保護法にのっとり適切に処理しなくてはいけない義務がある。次ページに社会福祉法に規定する社会福祉事業を実施する事業者（福祉関係事業者）に課される主な義務を記した。個人情報保護法は「当事者の権利を守ると同時に、情報の有効活用の両立をはかることが目的」という法律の主旨があり、これを十分に踏まえ、対応にあたることが必要である。

さらに、2015（平成27）年の同法改正以降、顔認識データ、指紋データ、マイナンバー、免許証番号、基礎年金番号などの「個人識別符号」を含むものや、身体障害・知的障害・精神障害・発達障害、健康診断書、刑事事件の手続き、少年保護の手続きなどの「要配慮個人情報」（不当な差別や偏見その他の不利益が生じないように、その取扱いに特に配慮を要するもの）を含むものも、個人情報保護法の対象になっているため注意したい。

4 福祉分野における個人情報保護の取扱い

「福祉分野における個人情報保護に関するガイドライン」が2013（平成25）年に厚生労働省によって示され、ソーシャルワーカーは個人情報の保護の取扱いを適切にすることが強く求められている。ガイドラインには「福祉関係事業者は、多数の利用者やその家族に関して、他人が容易には知り得ないような個人情報を詳細に知り得る立場にあり、社会福祉分野は個人情報の適正な

取扱いが特に強く求められる分野である」と示されている。実習に出かける学生も、当然個人情報保護法および「福祉分野における個人情報保護に関するガイドライン」を遵守することが求められる。ここでは、法律と条例を守ることはもちろん、社会福祉士の卵として、守秘義務や倫理を守ることも重要である。例えば、実習体験を公共の場で話さないことを含め、SNSにアップしない、家庭内や帰校日指導などの際にも個人情報の保護に努めるといったことが各人に求められる。

◎守秘義務と個人情報保護

　社会福祉士及び介護福祉士法では、第46条（秘密保持義務）「社会福祉士又は介護福祉士は、正当な理由がなく、その業務に関して知り得た人の秘密を漏らしてはならない。社会福祉士又は介護福祉士でなくなった後においても、同様とする」と規定されている。これを踏まえ、「守秘義務」と「個人情報保護」とを比較してみる。まず、「守秘義務」とは、一定の職業に就いた者はその職務上知ることになった秘密を守らなければならないという義務のことであり、他人が容易に知ることができない個人の情報を得ることができる者に課せられた義務である。これに対し、「個人情報保護」とは、個人情報を本人の同意がある場合を除き、第三者に個人情報・データを開示しないこと、さらに、個人情報に関する不正アクセス、紛失、破壊、改ざん、漏えいを防ぐこと（管理・保護・予防）のことであり、自己の個人情報をコントロールする権利が認められているのである（プライバシー権、コントロール権）。

◎個人情報保護法の主な内容

- ・利用目的を具体的に特定すること。利用目的の変更は合理的に認められる範囲でのみ可能（第16条）
- ・個人データの適正管理、利用、第三者提供の制限である。「個人情報取扱事業者は、利用目的の達成に必要な範囲内において、個人データを正確かつ最新の内容に保つとともに、利用する必要がなくなったときは、当該個人データを遅滞なく消去するよう努めなければならない」（第19条）
- ・本人の権利と関与して、本人の求めに応じて、利用目的や保有個人データの通知・開示・訂正・利用停止を行わなければならない（第27条・第28条・第29条・第30条）
- ・本人の権利への対応として受付窓口、受付方法、本人確認方法、手数料を定め、本人からの問い合わせに対応しなければならない（第31条・第32条・第33条・第34条）
- ・個人情報の取扱いに関する苦情処理として、「1　個人情報取扱事業者は、個人情報の取扱いに関する苦情の適切かつ迅速な処理に努めなければならない。2　個人情報取扱事業者は、前項の目的を達成するために必要な体制の整備に努めなければならない」（第35条）

◎ステップアップ

- ・改正個人情報保護法（2017年5月施行）
- ・「福祉分野における個人情報保護に関するガイドライン」

16 手紙文（お礼状）の書き方

1 実習の総仕上げとしてのお礼状

　社会福祉実習が終わったら速やかにお礼状を出してほしい。お礼状には実習中に指導を受けたことへのお礼と感謝をしっかりと実習先に伝えるという目的がある。お礼をきちんと伝えるために、お礼状についての基本的な形式を守った上で、ていねいな言葉遣いで書きすすめてほしい。お礼状の基本的な形式や構成は次ページに書いたので参考にしてほしいが、①頭語（拝啓など）、②時候の挨拶、③相手の繁栄や健康を気遣う言葉、④主文、⑤末文、⑥後づけ（日付や自署、お手紙の宛名）などの構成となる。特に主文については、実習へのお礼の言葉、どのように感謝の気持ちがあるか、自分にとって学び・課題になった事柄、将来への抱負について表現できるようにしよう。お礼状を書く際に工夫してほしいことは、お礼の気持ちを具体的に述べることである。実習記録がうまく書けなくて悩んでいるときに助言をくださったとか、利用者と面談の準備をする際に適切なスーパーバイズをしてくださったとか、自分のなかに印象深く残っていることを言葉として表現し、お礼の気持ちを伝えてほしい。

　さらに、実習の学びを将来ソーシャルワーカーとして、どのように生かしていきたいかを記述することも大切にしてほしい。その際に、実習指導者から学びとった姿を目指したいというように、実習で出会った先輩たちをロールモデルとして、それに近づけていけるようになりたい、というように表現していくこともよい例である。このように、お礼状を書くことによって学びと抱負を自分自身の言葉で表現していくことは、自分自身の実習の意味を省察（リフレクション）することになる。省察は実習の事前、実習中、実習後のすべての場面で行うものだが、お礼状を書くという行為が実習の「総仕上げ」の一つになるという意識を明確にもって、取り組んでほしい。

2 言葉遣い

　お礼状を書く際には、尊敬語（尊敬語は敬意の対象その人がすることについて使う）、謙譲語（自分や身内がすることについて敬意の対象に対してへりくだって使う）、丁寧語（ていねいな言葉遣いで相手に敬意を払っている様子を表すための言葉）を的確に使いこなすことが大切である。敬語の使い方として学生が間違えやすいものは、二重敬語（実習記録を「ご覧になられました」は「ご覧になった」が正しい）やアルバイトなどの場で使われている敬語である。尊敬語のなかには、必ずしも正確に使われていないものもある。例えば「○○へ同行訪問させていただいた際には、△△について、大変勉強させていただきました」というように記載したくなるかもしれないが、「○○へ同行訪問させていただいた際には、△△について、大変勉強になりました」が適切である。過剰に敬語を使うことは、かえって幼い印象を与えてしまうので注意してほしい。

お礼状の構成例
・頭語（はじめの挨拶にあたるもので、頭語と結語で決まった組み合わせがある。一般的な手紙では「拝啓」、目上の方宛てや改まった手紙には「謹啓」を選ぶことが多い） ・時候の挨拶（時候の慣用句もあるが、自分なりの表現で季節感をうまく工夫して相手に伝える） ・相手の繁栄や健康を気遣う言葉 ・主文（実習へのお礼の言葉、感謝の気持ち。自分にとって学び・課題になった事柄、将来への抱負など） ・末文（相手の発展を願う言葉） ・後づけ（日付、学校名、署名、宛先の所属と役職、氏名）

◎お礼状の見本

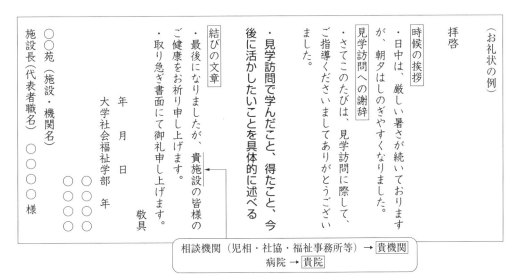

◎気をつけてほしいポイント

・お礼状はできるだけ早く、遅くとも実習終了日の1週間後までには投函する
・白い便箋で手書き（ペン書き）でていねいな字で書き、封書で送付する。封筒には三つ折り、もしくは二つ折り（文面が中面になるように）で入れる
・形式が整っていても、決まり文句ばかりを並べ立てた味気ないお礼状にならないようにしよう。具体的な表現を用いると、感謝の気持ちが伝わりやすい。実習で学んだこと、今後の課題や抱負を素直な気持ちで書いていくことで、自然とお礼の気持ちが伝わる
・投函する前には誤字や脱字がないか（特にお名前）、確認をしっかりする
・実習指導者宛てと実習先機関の両方に出すか、それともどちらか一方だけでいいのかについては、実習担当教員の助言に従う

第 2 部

実習事前学習の基礎

17 見学訪問（見学実習）の振り返り

1 事前学習としての見学訪問（見学実習）

　通常、2回生の夏休みに行う見学訪問（見学実習）は、養成校指定1施設、任意1施設の合計2ヶ所に見学に行くことができる貴重な現場体験学習である。この体験は事前学習としても意義深く、学内での事前学習では得られない現場の実情や生の声を聞くチャンスでもある。ただし、必ずしも見学実習先が配属実習先となるとは限らないことに留意したい（様々な調整の結果、別の施設に配属されることも多々ある）。この時期に見学するねらいとしては、実習に臨むに際し、必要なオリエンテーションを受けたり、施設・機関の環境や利用者の特性に事前に触れ、実習のスタートを円滑に切るためである。

　一般に、事前の見学訪問（見学実習）では、以下のようなことが行われる（福祉臨床シリーズ編集委員会編 2014: 50–51）。

　①実習指導者および職員の紹介　　主に、実習を担当する実習指導者や、実習中に指導してもらう職員、施設・機関の長などの紹介が行われる。

　②施設・機関の沿革・基本理念・特徴などの説明と施設内見学　　実習施設・機関の歴史的な背景と、事業運営・サービス提供にあたっての基本的な理念、そしてハード面やソフト面での特徴などについて説明される。また、施設内の見学において、サービス提供場面なども観察できるとよい。

　③実習にあたっての留意点や取り決めの確認　　実習中の勤務時間、勤務形態、服装、持ち物、更衣室や休憩室、実習日誌の記録場所、実習日誌の提出場所、食事をする場所などについて確認しておく。また、利用者と接する上で好ましい基本的な姿勢・態度、施設・機関の規則等も事前に把握できるとなおよい。

　④実習プログラムと実習課題　　実習全体の予定、とりわけ、実習課題との関係でプログラムがどのように組み立てられるかを教えてもらう。必要に応じてプログラムの中身に対する要望を実習指導者に伝える。また、実習担当教員の巡回指導や反省会の時期などもうかがっておくとよい。

　このように、見学訪問（見学実習）はわずかな時間ではあるが、配属実習前にあらかじめ実習施設の状況を理解するまたとないチャンスである。したがって、見学訪問の前にも、できる限り文献資料等を用いて下調べをし、質問事項を考えるなど、より深い学びができるようにしよう。

2 見学訪問（見学実習）の振り返り

　見学訪問（見学実習）の振り返りの回の授業（90分間）では、まず前半の40分間でこれまでの流れの確認および今後のスケジュールについての事務連絡事項をていねいに確認することになる。些細な事柄でもいいので、不安要因があればそれを書き出すなどして解消できるようにしておこう。次いで、後半の40分でグループディスカッションを行うことが多い。グループは、見学訪問先ごとか、あるいは意見を共有する意図のもと、あえて見学訪問先が異なる人同士で作るよう指導されよう。ここでは、「1　見学訪問を振り返り、学んだこと、考えたこと」「2　見学訪問先で

配慮が必要だと感じたこと・配属実習で気をつけるべきこと」「3　見学訪問先で困ったこと」「4　今後の課題（学習課題、実習先との調整など）」「5　グループディスカッションをして気づいたこと・学んだこと」「6　その他、質問・疑問」などについて話し合うことになる。最後の10分間は実習担当教員によるコメント・講評の時間とするとよい。

　なお、留意点として、各グループ内で特定の学生のみが話し続けるのではなく、グループメンバーが満遍なく情報共有できるようにすることである。場合によっては、司会者や記録係を設けるのもよい。ディスカッションの制限時間が40分間の場合は、グループごとの発表時間がないため、上述の通り、参加担当教員から一言ずつコメントをもらって終了することになる。仮に、グループごとの発表を設ける場合は、ディスカッション時間は30分間に短縮し、その後20分間（コメント・講評の時間は省略）を使って各グループ5分以内で発表するという形になるだろう。

◎見学訪問の振り返り（具体例）

見学訪問の振り返り（個人ワーク）

　　　　　　　学籍番号　　　　　　　　　　　　氏名

1　見学訪問先　名称：　　　　　　　　　　種別：

2　関連法規

3　事業の目的

4　事業内容（種別全体・訪問先の特徴）

見学訪問の振り返り（グループディスカッション）

　　　　　　　グループメンバー：

1　見学訪問を振り返り、学んだこと、考えたこと、その他感想などを話し合いましょう
2　見学訪問先で配慮が必要だと感じたこと・配属実習で気をつけるべきことについて話し合いましょう
3　見学訪問先で困ったことについて話し合いましょう
4　今後の課題（学習課題、実習先との調整など）について話し合いましょう
5　グループディスカッションをして気づいたこと・学んだことを共有しましょう
6　その他、質問・疑問があれば取り上げてみましょう

---

18 2回生における事前学習課題

① 事前学習課題の内容

　見学実習を終えた2回生の後期の段階では、実習に向けた基礎固めが重要である。そこでまず、見学実習を終えた今、各学生が不足していると思うことや、より知識を増やさないといけないと感じたことなどを具体的に挙げ、自ら学ぶ方法を考えながら学習を進めるとよい。その際、学びたい事柄を5個挙げ、そのうちもっとも学びたいと思う事柄を1つ選び、その内容および手段を5つほど考えると、よい鍛錬となるだろう。

　一方、来年度の配属実習に向けての事前学習課題についても、各学生が問題意識を持ち、主体的に解決しようとする姿勢が大切なのは変わらない。ここでの具体的内容としては、各々の配属先に応じて、「利用者の特徴と生活課題」「社会福祉士の支援内容・目標・社会福祉士の役割」「実習したい動機・理由」「実習のなかで学びたいこと・達成すべき課題」「上記の内容に基づき、今後事前学習として学びたいこと（内容・方法）」などを整理するとよい。

② 事前学習課題の確認方法

　これらの実習事前学習課題の確認方法は、まず、個人ワークでこれらを宿題に出し、その翌週にグループディスカッション（1グループ3～4人程度）を行い、さらに翌々週にグループ発表（1グループにつき15分、質疑応答を含む）する形をとる。適宜、質疑応答の時間を設け、学生なりの疑問や気づきを促すようにするとよい。最後に実習担当教員が教育的なコメントをすることで、実習に向けたイメージがより具体化するようにする。

◎実習に向けた事前学習スタート課題（具体例）

実習に向けた事前学習スタート課題

〇年〇月〇日配付⇒〇年〇月〇日発表

学籍番号　　　　　　　　　氏名

グループのメンバー

1　見学訪問を終えて、今後、事前学習として学びたい課題を挙げてください。
　例）法律・制度、支援方法・技術、実習生としての態度・心構えなどについて

　① _____

　② _____

　③ _____

　④ _____

　⑤ _____

2　上記1のなかから1つ選び、具体的には何（内容）をどのように（手段）学ぶかを挙げてください。
　例）内容：就労継続支援事業所、自立支援計画、地域アセスメント、介護保険法
　　　手段：テキストを読む、HPと見学訪問資料から要点を整理する　等

① 内容：＿＿＿＿＿＿＿＿＿＿＿＿＿＿＿＿＿＿＿＿＿＿＿＿＿＿＿＿＿＿

　 手段：＿＿＿＿＿＿＿＿＿＿＿＿＿＿＿＿＿＿＿＿＿＿＿＿＿＿＿＿＿＿

② 内容：＿＿＿＿＿＿＿＿＿＿＿＿＿＿＿＿＿＿＿＿＿＿＿＿＿＿＿＿＿＿

　 手段：＿＿＿＿＿＿＿＿＿＿＿＿＿＿＿＿＿＿＿＿＿＿＿＿＿＿＿＿＿＿

③ 内容：＿＿＿＿＿＿＿＿＿＿＿＿＿＿＿＿＿＿＿＿＿＿＿＿＿＿＿＿＿＿

　 手段：＿＿＿＿＿＿＿＿＿＿＿＿＿＿＿＿＿＿＿＿＿＿＿＿＿＿＿＿＿＿

④ 内容：＿＿＿＿＿＿＿＿＿＿＿＿＿＿＿＿＿＿＿＿＿＿＿＿＿＿＿＿＿＿

　 手段：＿＿＿＿＿＿＿＿＿＿＿＿＿＿＿＿＿＿＿＿＿＿＿＿＿＿＿＿＿＿

⑤ 内容：＿＿＿＿＿＿＿＿＿＿＿＿＿＿＿＿＿＿＿＿＿＿＿＿＿＿＿＿＿＿

　 手段：＿＿＿＿＿＿＿＿＿＿＿＿＿＿＿＿＿＿＿＿＿＿＿＿＿＿＿＿＿＿

◎来年度の配属実習に向けての事前学習課題

来年度の配属実習に向けての事前学習課題

学籍番号　　　　　　　　　　氏名

1　【種別】来年の配属先の種別：

2　【利用者の特徴と生活課題】

3　【社会福祉士の支援内容・目標・社会福祉士の役割】

4　【実習したい動機・理由】

5　【実習のなかで学びたいこと・達成すべき課題】

6　【上記の内容に基づき、今後事前学習として学びたいこと】
(1) 例：法律・制度、支援方法・技術、実習生としての態度・心構えなど、○○について

　①＿＿＿＿＿＿＿＿＿＿＿＿＿＿＿＿＿＿＿＿＿＿＿＿＿＿＿＿＿＿＿＿

　②＿＿＿＿＿＿＿＿＿＿＿＿＿＿＿＿＿＿＿＿＿＿＿＿＿＿＿＿＿＿＿＿

　③＿＿＿＿＿＿＿＿＿＿＿＿＿＿＿＿＿＿＿＿＿＿＿＿＿＿＿＿＿＿＿＿

　④＿＿＿＿＿＿＿＿＿＿＿＿＿＿＿＿＿＿＿＿＿＿＿＿＿＿＿＿＿＿＿＿

　⑤＿＿＿＿＿＿＿＿＿＿＿＿＿＿＿＿＿＿＿＿＿＿＿＿＿＿＿＿＿＿＿＿

(2) そのためには、どのような方法で学びますか
　例：○○で調べる、○○を読む、○○をまとめる、○○について聞く

　①＿＿＿＿＿＿＿＿＿＿＿＿＿＿＿＿＿＿＿＿＿＿＿＿＿＿＿＿＿＿＿＿

　②＿＿＿＿＿＿＿＿＿＿＿＿＿＿＿＿＿＿＿＿＿＿＿＿＿＿＿＿＿＿＿＿

　③＿＿＿＿＿＿＿＿＿＿＿＿＿＿＿＿＿＿＿＿＿＿＿＿＿＿＿＿＿＿＿＿

　④＿＿＿＿＿＿＿＿＿＿＿＿＿＿＿＿＿＿＿＿＿＿＿＿＿＿＿＿＿＿＿＿

　⑤＿＿＿＿＿＿＿＿＿＿＿＿＿＿＿＿＿＿＿＿＿＿＿＿＿＿＿＿＿＿＿＿

19 実習先選定作業のコツ、誓約書の意味

1 実習先選定作業の流れ

　学生の配属先を決める際には、実習先の特徴や概要（利用者の特徴や設立後の歴史、その実習先の強みなど）、さらには、実習先のある場所や利用できる交通機関の情報、過去にその実習先に実習に行ったことがある先輩たちのときはどうだったか？などの実習先に関する情報について、教員から学生に情報提供することが最初の作業となる。

　次に、教員が情報提供した内容や学生が自らインターネットなどで調べた情報などを総合的に活用させながら、学生に「実習先希望調査用紙」を配付し、第一希望から第三希望くらいまでの実習先を用紙に記入させ、それぞれの実習先について、なぜその実習先を希望するのかについての理由も併記させ、提出させる。この用紙の提出は、当日であっても後日であっても構わないが、後日に提出させる場合には、1週間後程度を目処とするとよいだろう。

2 配属実習先の決定時の留意点

　どの学生をどの実習先に配属するかを決定する際には、主に以下の3点に留意しつつ、実習担当教員が決定することになる。①実習先が限られているため、必ずしも学生の希望通りにならないという限界をあらかじめ認識しておくこと、②そういった限界を認識しつつも、学生の希望を最大限叶えることができるよう検討を進める、③実際に実習先に通うのは学生自身であるため、学生の自宅から実習先への通勤の利便性も考慮し決定すること、以上の3点である。

　実習先を決定する際によくあることとして、実習先の絞り込みの作業を学生と一緒に相談をしながら決めようとすると、いつまで経っても実習先を決定できず、ズルズルと時間が経過してしまうことがある。これは、学生の側に、譲れない事情があったり、体調面で特別な配慮が必要であったり、希望調査で学生に挙げさせた第三希望までのなかでも実習先を決定できなかったりする場合などに起こり得ることである。もちろん、学生の希望を最大限尊重し、その希望を実現しようとすることは、教員の側に求められる資質の一つであるといえる。しかし、最終的には、学生の希望を可能な限り聴取した上で、実習担当教員間で協議し、実習先から提示された受け入れ条件も考慮した上で、教員が実習先を決定することが大切である。

3 誓約書の意味と内容

　誓約書は、実習生が誓約の主体となる。一般的には、実習先向けの誓約書と、学校向けの誓約書の2通を作成し、署名・捺印の上、実習先と学校のそれぞれに提出する形が基本となる。この誓約書は、学校によっては、実習先向けの誓約書だけを作成し、実習先だけに提出する場合もある。

　誓約書の内容としては、基本的には、実習生は実習中はもとより実習終了後においても守秘義務を守ること、実習生が実習先の利用者や職員、あるいは、実習施設や出張先などに対し人的物的損害を与えてしまった場合には実習生が賠償などの責任を取ること、などを挙げることが一般的である。

　実習というのは、基本的には、実習生が実習に行くことを希望し、実習先が受け入れを承諾す

ることで成立する。つまり、実習に行きたいのは実習生である。そのため、形式的には、実習先はお願いをされて実習生を受け入れる側となる。

実習生を受け入れる側となる実習先としては、実習生を受け入れることによって、不測の損害を受けることは絶対に避けたいところであるが、万が一、実習生が実習先に対して損害を与えた場合には、実習先が実習生に対し、損害の程度に応じて賠償を求める事態に発展することがある。

4 実習生が損害賠償責任を問われないための心得

実習先が実習生に損害賠償を求める事態としては、具体的には、実習生が実習先の利用者に対しけがを負わせてしまったり、実習生が守秘義務を守らずに実習先の利用者の個人情報を口外し、それによって利用者やその家族、実習先が損害を受けることになったり、実習生が実習先の建物や物品を毀損し、弁償する必要性が生じたりすることなどが挙げられる。

そのため、誓約書では、上記のような損害が発生した場合を想定し、実習生本人が起こした損害に対する賠償の責任が実習生本人にあることを明記しておき、実習先と学校側の双方に（あるいは、実習先だけに）、あらかじめ提出することになる。この誓約書を提出させる行為には、実習生に対し事前の戒めを課し、実習生が実習先に損害を与えることがないよう注意喚起する意味も込められている。

誓約書を学生が書く際には、教員から実習生本人に対し、実習生が何らかの原因によって人や物に対して損害を与えてしまった場合にはその損害に対する賠償責任が生じることをはっきりと伝え、損害を与えてしまうような事態が発生しないよう十分な自覚と責任感を持たせておく必要がある。そもそも、賠償責任を問われるような事態が起こらずに実習を無事に終えることができ、誓約書がただの紙切れで終わることが、何よりも尊く望ましいことだからである。

◎伝えたいポイント

実習先の選定作業の流れ
・教員から学生に実習先に関する情報を提供する
・学生が「実習先希望調査用紙」を提出する
・主に以下の3点を考慮し、実習先を検討する
　(1) 実習先の数が限られており、必ずしも学生の希望通りにはならないこと
　(2) 学生の希望を最大限、実現できるよう配慮すること
　(3) 学生の通勤の利便性を考慮すること
・教員間で話し合い、教員が配属実習先を決定する
・教員から学生に配属実習先を伝達する

誓約書の作成の流れ
・誓約書は、実習生自身が起こした損害の責任が自分にあることを誓約する文書である
・誓約書は、実習先と学校に（あるいは、実習先だけに）提出する
・誓約書は、責任の所在を明確化するだけでなく、実習生自身への戒めの意味もある
・実習生が、何事もなく無事に実習を終えられることが最善である

20 実習の動機と課題、実習生紹介票

1 実習の動機と課題、実習生の紹介に関する文書を作成する理由

実習担当教員が実習先の選定・内諾をした後で、実習生自身が、実習生の紹介（現住所や職歴、ボランティア経験や趣味、希望進路など）や実習の動機と課題などを明記した文書を作成するのはなぜだろうか？　その理由は、主に次の2つである。

第一に、実習生が自分自身の属性や関心をあらかじめ意図的に実習指導者に開示することにより、実習指導者が実習生のことをより理解することができるようになり、最終的に実習生の実習満足度が高まることが期待されるからである。

実習は、実習期間が長いようであるが、実際にはわずか約1ヶ月という期間しかなく、日数も限られている。そのため、そのきわめて短期間の実習の成否を握るのは、実習指導者に対する事前の自己開示にあるといっても過言ではない。この自己開示が十分でないと、実習後に実習生の側で「こんなはずじゃなかった」という不満感や消化不良の感覚が残りやすい。

そのため、自分は、何がしたくてこの実習を望んだのか、何に取り組んでいきたいと思っているのか、自分にはどんな弱み（短所）があり、どんな取り柄（長所）があるのか、さらには、どのような実習を過ごし、その後にどのような進路を目指しているのか、などといった項目をあらかじめ書き出しておく作業が不可欠である。そして、そのでき上がった文書を実習指導者に見せることにより、実習指導者が「あ〜、この実習生は、こういったところに関心があるのか」「ならば、その関心をさらに深められる実習日程を考えてみよう」などと、実習生の興味関心により合致した実習日程を検討することができるようになるのである。

第二に、実習生が、自分の頭のなかでボンヤリと思い描いてきたソーシャルワーカーに対する思いや社会福祉を志した動機、その後の進路や夢、実習に望むことなどについて、自分の言葉で明確に書き記したり、限られた紙面のなかでまとめたりする作業を通して、より自分自身の関心や動機をはっきりと認識することができるようになるためである。

実習生は、大学入学前にはそれぞれの人生のなかで、社会福祉に対する興味関心をそれぞれに抱きながら、大学で社会福祉学を専攻する学生である。しかし、自分がどのようなソーシャルワーカーになりたいのか、また、自分がどのような現場でどのような人たちのために貢献していきたいのか、などといった将来のことまでは、明確に定めることができていないことが多いのではないだろうか。

そのため、実習生にとって、この実習の動機と課題の文書や実習生紹介文書を作成する授業は、実際の福祉現場に実習に行かなければならないという緊張感と切迫感のあるなかで、自分自身の過去と未来をより深く見つめ直すことができる、またとない好機となるのである。

2 文書作成の流れ

自分の生年月日や現住所、職歴、趣味・特技、自己紹介などといった項目は、何なりと書けることであろう。しかし、問題は、実習の動機や実習の課題といった実習先との関連を考慮しながら明記する項目の執筆である。

そのため、次のような作業を通して執筆を進めていくことをお勧めしたい。まず、自分の頭のなかにボンヤリとあることを、紙面の枠の大きさにとらわれずに自分の言葉で思い切って書き出してみよう。もちろん、書き出しただけでは、まとまりがなく冗長な文章になりやすい。そのため、次に、書き出した文章を限られた紙面の枠を考慮しつつ、短い言葉で言い換えたり、要約したりしてみよう。そのような作業を通して、枠が埋まりそうな分量の文章の塊ができ上がってくる。

しかし、これらの作業を自分一人で進めていると、独りよがりな表現になってしまったり、実習先を十分に考慮しない文章になってしまったりしがちである。そのような事態に陥らないために、次にお勧めしたいのは、実習先に関する事前学習を同時並行で進めることと、第三者である教員や他の実習生に自分が執筆した内容を読んでもらったり聞いてもらったりすることである。

実習先やその地域のことを理解していなければ、的確な動機や課題が書けないばかりか、一方的で的外れな内容の文章になってしまうおそれがある。しかし、事前学習を通して実習先の特徴やその実習先が所在する地域のことをよく知っていれば、より実習先のことを意識した実習の動機や課題を書くことができるようになる。

同時に、自分の未完成な文章を第三者に読んでもらったり聞いてもらったりするのは、誰しも恥ずかしいことである。しかし、恥ずかしいのは他の実習生も同じである。さらにいえば、実習書類を提出した実習指導者から「書類の文章が読みにくい」「内容がわかりにくい」「誤字・脱字がある」などの指摘を実習中に受ける方が、もっと恥ずかしいことではないだろうか。

実習成功の鍵は、実習指導者が実習生からの提出書類に目を通したときに、実習指導者が実習生のことをその場で瞬時に把握できることである。そのため、実習が始まってしまう前に、思い切って他の実習生たちの前で発表をし、様々な視点からの意見や助言を聴き、自分の表現を修正することが大切である。実習指導の時間は、実習生同士で気づいた点やわかりにくい箇所を率直に指摘し合いながら、文字通り切磋琢磨してお互いの文書を入念に磨き上げていく時間である。ぜひ、周りの実習生と教員を遠慮なく有効活用してほしい。

◎伝えたいポイント

実習の動機と課題、実習生の紹介に関する文書を作成する理由
・実習先に提出するために自分のことを詳しく書いた文書を作成するのはなぜだろうか？
　(1) 実習指導者に実習生のことを文書で具体的に伝え、実習の満足度を高めるため
　(2) 実習生が自分の動機や将来像などについて、より明確に認識できるようになるため

文書作成の流れ
・ボンヤリと頭のなかにあることを記入欄の大きさにとらわれず思い切って書き出してみる
・項目ごとの枠の大きさに合わせて、自分なりの文章を完成させる
・同時並行で、実習先に関する事前学習を進める
・第三者（教員と他の実習生）に読んでもらったり発表を聞いてもらったりする
・様々な意見や助言をもらい修正する
・必要に応じて第三者に繰り返し見てもらい、何度かの修正を経て清書する

21 実習先に関する事前学習Ⅰ・Ⅱ

1 実習事前学習の重要性

　同じ種類の施設・機関であっても、まったく同じ支援を実践しているというわけではなく、その施設・機関がある地域の特性が異なっていたり、経営方針・運営方針が違っていたりするなど、様々な要因により、実際にはそれぞれの施設・機関の特色があり、一定の多様性が認められる。

　さらに、そもそも個々の実習生の「学びたい」という学習動機や「学びたい」ことの内容・中身にも個別性がある。そこで相談援助実習に臨むためには、実習生自らが実習する施設・機関について、あるいはまだ実習先が決定していない場合には、自らの実習先を選定するためにも、実習の事前学習として、実習施設・機関の設置目的、役割、運営、組織形態、社会福祉士を含め各種専門職の役割、その所在地の地域特性などについて事前に調べ、理解を深める必要がある。

2 実習先に関する事前学習Ⅰ・Ⅱ

　実習先に関する事前学習では、ⅠとⅡに分けて行うとよい。まず、Ⅰでは、配属実習先で実習しようとする自分自身への理解を再確認することである（自己覚知）。入学当初とは異なり、あらためて現在の自分自身の思い・考え・不安などを明確にすることが重要である。具体的には表21-1を参照するとよいだろう。こうした自己覚知ののちに、実習先そのものについてできる限り自主的かつ具体的に調べることが準備学習となるだろう。実習先の詳細については、インターネット・HPの活用のほか、配付資料、保存資料（ファイル形式）、実習報告集（先輩のもの）、実習の手引き、年史、機関誌、新聞記事、先輩や同僚からの話など、多様なものを活用するとよい。具体的には表21-2を参照のこと。

3 多様な実習先からの選定

　相談援助実習先は、地域相談機関におけるソーシャルワークである「フィールド・ソーシャルワーク」か、入所・通所施設における「レジデンシャル・ソーシャルワーク」に大別できる。2005（平成17）年の介護保険法改正や障害者の福祉サービスを規定する法律の地域での生活を重視する方向への改正、さらに、2007（平成19）年の社会福祉士及び介護福祉士法改正による就労支援や更生保護関連の科目追加による対象領域の拡大により、非常に広範囲な分野・領域にわたる施設・機関が「実習施設」となってきている現状がある。

　そして、実習先の選定の折には、社会福祉士の取り組むソーシャルワーク実践に関する実習であるということは共通しているものの、実習生個々の志望動機や関心ある分野・領域をあらためて確認し、そうした関心や動機と照らし合わせながら、実習先を決めていく必要がある。なお、配属先には人数制限があるため、必ずしもすべての実習生が望む場所に実習に行けるとは限らない。重複した場合には基本的には学生間の話し合いで決定できるように促すのが望ましい。

◎実習先に関する事前学習Ⅰ

表21-1　グループディスカッション資料

　　　　　　　　　　　　学籍番号　　　　　　　　　　氏名
　　　　　　　　　　　　グループメンバー：

1　なぜ、社会福祉分野を目指そうと思いましたか？

2　なぜ、高齢者・児童・障害のある人・地域・医療・その他（　　　　　）に関心があるのですか？
　それは、いつ頃からですか？

3　自分の実習はどのような実習にしたいと考えていますか？

4　自分の実習に関し、どのような点が不安ですか？

5　実習に行った先輩に話を聞くことができるとすればどんなことを聞いてみたいですか？（箇条書
　き、複数回答可）

◎実習先に関する事前学習Ⅱ

表21-2　実習先に関する事前学習課題

　　　　　　　　　　　　　学籍番号　　　　　　　　　　氏名

1　実習先施設・機関名（種別）

2　沿革

3　特色

4　一日の流れ（業務内容）

5　週間予定

6　年間行事

7　職員構成・運営組織

8　利用者の全体的特性・動向

9　地域特性・社会資源について

10　その他、疑問点など

22 実習内諾先への書類作成作業

1 「実習の動機と課題」

　相談援助実習の配属先が内定すると、事前提出用の書類作成に取りかかることになる。時期的には、3回生の夏季休暇中に配属実習を行う場合は、2回生後期からとなる。ただし、種別や人気の高い施設・機関などでは内定時期が遅れることが考えられる。仮に内定（決定）していなくても、同時進行で、必要書類づくりを進める必要がある。

　2回生後期に作成に取りかかる書類としては、「実習の動機と課題」である。内容としては、「Ⅰ　貴施設・機関・病院における実習の動機」および「Ⅱ　実習の課題」の2点である。ここでは、学生が社会福祉を志したきっかけや社会福祉学を学ぶなかで興味・関心が深まってきたことなどを、時系列・時間軸を意識しながら具体的かつ論理的にまとめることが重要である。その上で、配属実習とどう繋がるのかをていねいに説明していきたい。一方、実習の課題では、24日間（180時間）という限られた時間とはいえ、目的意識や課題認識を明確にしないと漫然と実習をして終わることになりかねない。したがって、「実習をする意味がはっきりしているか」「実習に対するやる気が高まっているか」「学びたいことの中身や体験したいことが具体化されているか」などを各自が折に触れ自問し、一つひとつの作業の質を上げていくことが重要である。

2 「実習生紹介票」・「誓約書」・「実習計画書」

　次に、「実習生紹介票」「誓約書」「実習計画書」について見ていく。まず、実習生紹介票は、実習指導者や施設長など配属先の方々が、今回の実習生がどういう学生なのか、何を体験的に学びたがっているのか、どこに問題関心を置いているのかなどということを知ることができる数少ない資料である。それゆえ、清書はペン書きをし、内容的にも慎重かつていねいに記入する必要がある（表22-1参照）。また、「誓約書」は個人情報やプライバシーに触れる機会が多い実習先において、実習期間中はもちろんのこと、実習終了後も相談援助実習で知り得た秘密に関する情報を決して他言しないことを誓うものである。近年では、機密漏えいやプライバシー侵害などの問題が多発しているため、例えばチェックリスト形式で一つひとつ点検し、意識づけの強化を図るのもよいだろう（表22-2参照）。さらに、「実習計画書」は、これをもとに実習プログラムが作成されることが多いため、自分の実習の目標・課題と照らし合わせながら、具体的かつ実践的な計画を作成することが望まれる。内容的には、「1　実習課題」「2　事前学習の記録（要約）」「3　実習計画（4週分）」を含み、1は箇条書き、2は過去形で、そして3はできる限り具体的に書くとよい。ただし、あまり難しく書きすぎず、もし、具体的イメージがない場合にはどこか一つにポイントを絞って書くとよい。獲得目標を明確にし、ポイントはあるけれど全体像もある書き方がよい。なお、これらの書類作成に関し、そのつど、グループディスカッションや教員による個別添削等を行い、特に実習計画書作成では厚みのある記述を心がけたい。

3 実習内諾先への書類作成作業の留意点

　これらの書類はすべて公的な書類であるため、ていねいにペン書きで清書する。書き間違えた場合、修正ペンは使用せず、書き直す。用紙を汚さないように管理方法に気を配る。焦らずにて

いねいに作成し、提出期限に間に合わせる。個々の作業を通じ、相談援助実習への意識を高め、やる気を喚起できるようにする。

表 22-1　実習生紹介票・例

作成日：　　　　年　　　月　　　日

学年　　　　年・学籍番号　　　　　番　氏名		写真
生年月日	年　　　月　　　日生（　　　歳）　男・女	
現住所	〒	
帰省先	〒	
職歴		
ボランティア歴		
所属団体		
趣味・特技		
これまでの実習先		
希望進路		
自己紹介		

表 22-2　実習記録の管理に関する誓約書（チェックリスト版）

	内　容	確認欄
1	相談援助実習専用の USB メモリを用意します	☐
2	USB メモリ本体にストラップをつけるなど、紛失しないように管理します	☐
3	USB メモリ以外にはデータを保存しません	☐
4	利用する PC にはウィルス対策ソフトを導入し、アップデートします	☐
5	データには他者には特定できないパスワードを設定します	☐
6	実習記録ファイルについても、紛失しないよう管理します	☐
7	データおよび記録ファイル以外には、個人情報は残しません	☐
8	実習後には、記録ファイルとともに鍵のかかる場所に保管します	☐
9	データとして必要のなくなった場合は、初期化を行い、削除します	☐
10	情報管理に不備があった場合は、相談援助実習の単位取り消しに同意します	☐

23 実習報告会（3回生発表）への参加（質疑、聴取）

1　実習報告会の意義

　まだ実習を経験していない2回生にとって、自分が近い将来、本当に実習に行くのだということを実感するためには、どのような取り組みが有効であろうか。

　その答えは、「実際に実習に行った先輩から話を聴くこと」である。2回生の学生たちにとって、3回生の先輩とは、廊下ですれ違ったり、サークル活動で一緒に活動したりすることはあるだろう。しかし、3回生の先輩から、実習に行った話を直接聴く機会というのは、日常的には、ほとんどないことであろう。実習報告会では、3回生の学生たちが、実際に実習に行った経験について、教室の黒板の前で達成感と自信に満ち溢れた態度で発表することになる。まだ実習を経験していない2回生の学生たちにとって、これほど鮮烈な印象を残すものは他にないのではないだろうか。

2　実習報告会を成功させるためのコツ

　実習報告会を成功させるために大切なことは、次の2つである。

　第一に、発表をする3回生の学生たちが、事前にわかりやすいパワーポイントスライドなどを作成することができるように教員は指導し、実習に行っていない2回生にも理解しやすい発表内容になるよう準備を進めることである。もちろん、パワーポイントスライドの使用を希望しない学生もいるため、基本的には、学生の様々な着想や創意工夫を尊重し、その希望を認めることが大切である。また、教員は、あらかじめ、3回生に実習報告会の日程や発表時間、質疑応答時間、発表資料の分量などを伝えておく。

　わかりやすい発表は、その直後の質疑応答の時間を活性化し、質問が出やすくなる傾向がある。逆に、発表スライドに情報を盛り込みすぎたり、文字が小さすぎたりすると、聴衆はそのスライドのなかのどこが重点なのかがわからず、話についていけなくなる傾向がある。そのため、教員は、実習指導の時間中に、3回生の学生たちのパワーポイントスライドなどの発表資料の作成を指導し、文字の大きさや分量、文章表現や図表の使用法などが適切かどうかを助言し、必要に応じて再作成を指導するなどして、発表資料の完成まで支援する。

　その後、教員は、3回生から実習報告会までにパワーポイントスライドなどの発表資料のデータを提出させる。発表資料を当日までに複写しておき、実習報告会当日に配付するようにする。発表資料は、やはり発表中には聴衆の手元にあった方がよい。発表を聴く2回生が、3回生の発表中に気がついたことや思い浮かんだ疑問を書き込めたり、質疑応答の際にその書き込んだ資料を見ながら質問をしたりすることができるからである。発表資料を配付しておくことも、質疑応答の活性化に繋がる一工夫である。

　さらに、発表をする3回生にとっては、実習報告会自体が、パワーポイントスライドやプロジェクターなどの発表機材を使って自分の取り組みを発表するまたとない訓練の場になる。

　第二に、当日運営を円滑化するため、教員は、発表を聴く2回生とあらかじめ相談し、2回生に当日の運営を支えるいくつかの役割を任せ、3回生が気持ちよく発表することができるように

準備する。

　発表当日は、2回生から司会進行係、タイムキーパー係、パワーポイントの頭出しを担当する係、資料配付係などをあらかじめ決めておき、2回生が3回生の発表を支えるのが望ましい。

　質疑応答では、限られた時間ではあるが、下級生の積極性や自発性を育むため、下級生が自発的に手を上げて質問をすることができるよう、質疑応答の冒頭ではできるだけ教員から質問者を指名することは差し控えるようにする。質問が滞った場合には、教員から、聴衆に対し、何らかの着想が得られるような声かけをしたり、質問の手がかりになるような助言をしたりするなど、聴衆全体に対する働きかけをするようにする。もちろん、司会進行やタイムキーパーなどの役割がある2回生に対しても、3回生に対する質問を差し控えることなく積極的に質問をするよう促すことが大切である。

③　実習報告会が生む相乗効果

　実習報告会の場は、3回生にとっては、2回生からの思いがけない素朴な質問によって、より具体的な説明を求められる場面もあり、質疑応答が終わるまでは気の抜けない時間となる。一方、2回生にとっても、実習報告会の場は、自分自身が翌年に実習に行くにあたり、実習先や実習に向けた準備などに関する最新の情報が得られる好機である。そのため、2回生としては、3回生に対して一切遠慮することなく、今、発表を聴いて頭のなかで思い浮かんだ疑問や意見をそのまま率直に発表者にぶつけるようにしてほしい。

　この機会に質問せずに帰ることは、2回生にとってはもとより、発表した3回生にとっても、学びの効果が半減してしまう結果に繋がるといっても過言ではない。3回生にとっては、2回生からの疑問や意見、感想などといった生きた反応が、自分の発表と実習そのものを評価するための得がたい材料になるからである。一方、2回生にとっても、3回生からの堂々とした返答や実感のこもった助言が、これから自分自身が実習の準備を進めていく上で、何よりも得がたい原動力になり得るからである。そのため、教員には、発表をする3回生と、発表を聴く2回生の双方に対する事前指導と当日の指導を十分に行うことが求められる。

◎伝えたいポイント

3回生に対する発表準備、資料作成の流れ

・教員から実習報告会の日程や発表時間、質疑応答時間、発表資料の分量などをあらかじめ伝える

・実習に行っていない2回生にもわかりやすい発表資料を作成するよう指導する

・パワーポイントスライドの使用が基本であるが、それ以外の発表方法も認める

・発表資料の文字の大きさや分量、文章表現や図表の使用法などが適切かどうかを助言する

・必要に応じて修正・再作成などを指導したあとで、発表資料のデータを提出させる

2回生に依頼可能な当日運営の主な役割

・司会進行係（発表者の紹介、時間管理の説明、質疑応答の進行など）

・タイムキーパー係（音が鳴る鈴などを用意しておくとよい）

・パワーポイント頭出し係（次の発表者のスライドの1枚目を表示させる）

・資料配付係（教室の最前列か最後列などで、当日の配付資料を来場者に渡す）

第2部　実習事前学習の基礎　　49

24 実習連絡協議会への参加（2回生による挨拶）

1 実習連絡協議会の流れ

　実習連絡協議会は第Ⅰ部、第Ⅱ部（各1時間）の2部構成とし、まず、主催側の養成校（学部長）の挨拶から始まり、養成校における相談援助実習の概要説明、代表学生からの報告（2〜3事例）を経て、約10分ほどの休憩をはさみ、第Ⅱ部ではグループごと（分野・種別）の懇談会を行う。とりわけ、第Ⅱ部における本年度の実習指導の振り返りでは、事務手続き、大学における事前・事後学習、実習内容、実習中の問題点、実習記録の取り方、評価基準・方法などの確認を行い、次年度の実習に向けては、実習教育に関する要望や評価基準・方法、学生に求めることなど、広く課題を共有することがポイントである。全体としては、2時間ほどの時間を要すると思われる。その後、各グループごとに三々五々、解散する形となる。

　終了が各分野・領域・グループごととなるため、実習指導者・関係者への挨拶をしようとする2回生は懇談会終了の30分ぐらい前には廊下・教室等で静かに待機し、実習指導者・関係者の離席に合わせて、さりげなく近づき、挨拶することが求められる。相手に失礼のないように、きちんと名乗ってから挨拶し、配属実習でお世話になることを重々お願いしておくことが重要である。また、ゆとりがある場合には、事前に考えていた質問や素朴な疑問、実習に向けての不安な点などについて、その場で少し尋ねてみてもいいだろう。ただし、実習指導者・関係者に予定が入っている場合も多いため、先方の都合をうかがってから質問するという姿勢を忘れてはならない。ここでは、実習指導者と実習生とが初顔合わせをする場合が多いため、よい第一印象を持ってもらうことも重要になる。服装、髪型、化粧、履物、持ち物等には十分に留意し、清々しくやる気に満ちた実習生という印象が残るように努めるとよい。

2 実習連絡協議会で出た現場の声

　実習連絡協議会では、毎年、現場からの様々な意見を聞くことができ、養成校、現場、学生の三者の連携を図る貴重な機会といえる。なかでも、実習生を引き受け、実習指導に携わった現場の実習指導者の声は、現在の実習教育の成果や課題にアプローチしたものとして貴重であるため、意見を今後に生かすことが求められる。具体的な意見は表24-1を参照していただきたいが、近年多い要望をまとめると、以下の通りである。

　※実習生が「学びたいこと」を明確化しておくこと

　※いくつかの施設・機関のつながり・連携を見るなど、関心の幅を持つこと

　※具体的に、「○○してみたい」という意欲を持つこと

　※実習に際する思い・考えの変化をしっかりと確認し、伝え合うこと

　※事前学習をみっちりと行い、プレッシャーばかりを大きくするのではなく、大らかに送り出してほしい

　※実習生が職員の目を気にしすぎなので、日々の課題に目を向けること

　※事前にコミュニケーション能力（言語・非言語）を高めておくこと

③ ２回生による挨拶の際の留意点

　実習連絡協議会では、実習指導者・関係者のほかに、養成校教員、学生（３回生、２回生）などが参加することになるが、とりわけ２回生の参加場面は、懇談会終了後のわずかな時間のみであるため、部屋に入っていくタイミングが重要である。多くの場合は、養成校の実習担当教員の合図や誘導が見られるはずだが、学生自身、緊張感を持って備えておく必要がある。また、実習指導者と対面した際には、自ら名乗り、丁重に挨拶しなければならない。ここでは、実習のお願いをするのは当然だが、それだけではなく、「今回の実習生は明るく、元気よく、積極的だな」という好印象を与えられるように、立ち居振る舞いには十分気をつけたい。余裕があれば具体的な質問をいくつかしてもよいだろう。しかし、ここはあまり長居せず短時間で要件のみを伝え、印象づけるように心がけたい。学生にとっては実習指導者との対面によって、いよいよ相談援助実習が本格始動したと感じられることだろう。

表 24-1　実習連絡協議会への出欠確認時に記載された実習先からの意見（一例）

○フォローが必要だと思われる学生に対し、先生と実習指導者とで話をする時間をとっていただきたかった ○必要な提出物については大学側と学生とで実習前に再確認し、共通認識をもっておいてほしい ○レポートについて、手書きではなくワードデータで提出してほしい ○学生には最低限、人としてのマナー（挨拶をする、遅刻をしない、遅刻しそうなら連絡を入れるなど）を身につけて実習に臨んでほしい ○実習日誌に関し、可能であれば、観察の欄と考察の欄を分けてほしい ○実習日誌に関し、学生自身がその日の実習の理解度・達成度を記入する自己評価欄の設定を検討していただきたい ○相談援助実習が就職にまでつながりづらい悩みがあります。本園では就職につながってほしいという思いがありますが、この点について何かご助言や学生の方の生の声をうかがいたい ○実習簿については、実習終了後、数週間後に出てくることがありますが、実習生におかれましても実習簿の管理を十分にお願いします ○自分で考えたり指摘されたことを受け入れ行動を変えられる方と、なかなか指摘を受け容れられない方がおり、受け容れられないとなかなか前に進むのが難しいです ○短い実習期間のなかでどんどんチャレンジする気持ちをもってもらえるとより充実した実習になると思います

第２部　実習事前学習の基礎　51

25 オリエンテーション・事務手続き・日程

1 相談援助実習のオリエンテーション

　実習前の事前オリエンテーションは、実習指導者と実習生がきちんとした形で対面する最初の場面であり、重要な機会である。原則として、実習開始1ヶ月前を目途に配属実習先にご挨拶かたがた電話をかけ、オリエンテーションの日時を決定する。なお、複数名で同時期に実習に行く場合には、その代表者1人が電話をかけ、決定事項をみなに確実に伝えることが重要である。オリエンテーションでは、実習生の困りごとや不安要因を軽減するというねらいもあるが、逆から捉え直すと、実習指導者が実習生のやる気や意気込み、問題関心などを察する機会ともなる。この時点で印象が悪いと、実習期間中はかなり厳しい時間を強いられることになると思った方がよい。そのため、オリエンテーションに臨む前に各自で質問すべき事柄をピックアップしておき、積極的に発言したり質問したりできる状態をつくっておくことが望ましい（表25-1参照）。また身だしなみなどの服装、髪型、化粧、持ち物など細部についても十分に気を配り、実習生らしい清々しい印象を与えられるように心がけたい。基本的には、全員スーツで訪問し、万事15分前行動を心がける。遅延や渋滞などを考慮し、早め早めに動くことが重要である。そのほか、施設・機関の全体の雰囲気、職員の働きぶり、利用者の特徴・傾向など、訪問して初めてわかることも多いので、しっかりと観察することも忘れてはならない。

2 オリエンテーション時に想定外の事態に遭遇したとき

　配属実習時のみならず、オリエンテーションや見学実習なども実習の一環として重要な場面となる。こうした場面では特に緊張しやすい学生が予想外の事態に遭遇することがあるため、以下のような際、どのような対応を取るべきかを事前に考えておくとよいだろう。

・複数名でそろってオリエンテーションに行く予定であったが、そのうちの一人が約束の時間になっても集合場所にやってこない。
・オリエンテーション中、気分が悪くなってきた。
・オリエンテーション時に、実習指導者から施設の資料に関する説明を受ける際、資料が1部足りず、自分の分がなかった。
・卒業後の志望分野について聞かれたが、オリエンテーション実習先が自分の希望分野と異なっている。
・オリエンテーション時に実習指導者から怒られた！（でも、なぜ怒られたのかがわからない）

3 相談援助実習の事務手続きおよび日程

　相談援助実習の事務手続きに関しては、図25-1を参照するとよい。この図からも学生、大学、実習施設の三者の連携がいかに大切かが示唆される。三者のこのやりとりを通じ、段階的に実習指導の中身を掘り下げ、充実させることが求められる。事務手続きの拠点を軸に進めるとよい。日程についても同図で確認し、24日間（180時間）以上をクリアすることが重要である。

表25-1 実習オリエンテーション時の確認事項

図25-1 相談援助実習の事務手続き（流れ）・例

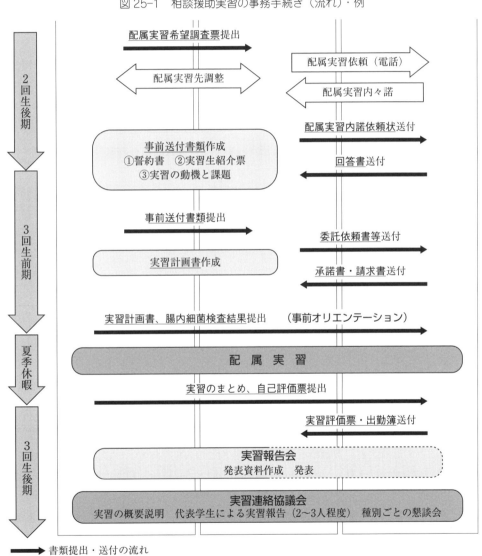

注）本書 図3-2の一部を再掲した。

26 事前送付書類の提出方法

[1] 「実習の動機と課題」・「実習生紹介票」・「誓約書」・「実習計画書」の提出

　「実習の動機と課題」・「実習生紹介票」・「誓約書」・「実習計画書」の清書が揃った段階で配属実習先に書類を事前送付することになる。まず、清書を3部コピーして、そのうち1部を学生自身が保管し、残りの2部は実習支援室および実習担当教員に提出する（図26-1の事前送付書類　提出票を参照）。後日、実習ファイル（実習日誌）が配付されるので、配付されたら速やかに自己保管分を綴じるようにする。

　なお、ここでの留意点としては複数名が同じ施設・機関に実習に行く場合、先方の負担・手間を考慮し、その人数分を一括で送付するのが基本である。時期としては、3回生の5月初旬から6月下旬（内定が遅い場合には7月上旬まで）の間に送付する。逆算してみると、実習開始が8月下旬としたら、その1ヶ月前にオリエンテーションをする必要がある。そのオリエンテーションの日までには少なくとも事前送付書類がすべて先方に届いている状態にしなければならない。そのため、遅くとも7月中旬には必着の状態にしておかなければならないだろう。

[2] 「実習計画書」作成上の留意点

　上記の書類のなかでもっとも時間のかかるものが「実習計画書」であろう。この計画書は、たとえ同じ実習先であったとしても、他者と同じ実習計画になることはあり得ない。なぜなら、実習で学びたいと考えている事柄や過去の経験、考え方が各人で異なるためである。とりわけ実習課題を具体的かつ端的に記述し、事前学習の内容確認を通じ、理解できていることとこれから学ぶことを峻別し、さらに、4週に及ぶ実習計画の中身を具体的かつ段階的に考えていく。しかし、なかなか計画書づくりが進まない場合があるだろう。その際には「相談援助の側面から考える実習計画」「制度・政策の側面から考える実習計画」「管理・運営の側面から考える実習計画」に分けて考えるとよい。実習担当教員のみならず、クラスの仲間と計画書を発表し合うなどし、これまでの講義や演習で得た知識・技術などを確認することで、より学びが深まるであろう。

[3] 実習内諾先への書類送付上の留意点

　書類上のやりとりでは、行き違いや勘違いによって、当初の予定通りには進まないことが少なくない。時期のズレのほか、書類の不備・不足（複数名でお願いする場合、人数分の書類が揃っていないなど）、宛先の不備（実習指導者名の変更や施設長の変更に対応できていないなど）、何の実習のものなのかが不明（社会福祉士の相談援助実習なのか、介護実習なのか、看護実習なのか、ボランティア実習なのか）など、様々な問題が生じている。どれだけ注意してもミスは防げないかもしれないが、できる限り、複数名でダブルチェック・トリプルチェックを行うことに加え、万一、問題が発生しても施設・機関側と養成校側とで協議・解消できる良好な関係性を普段から築くことが重要であろう。そのためには、実習に関する些細な情報に関し、常日頃から情報交換・情報共有し、もちつもたれつという関係性（信頼関係）を構築することが求められる。

図 26-1 事前送付書類 提出票・例

事前送付書類　提出票

学籍番号		氏名	
連絡先	電話：	e-mail：	

提出書類の内容　　　　　　　　※提出前にチェックして確認すること

実習先　[相談援助実習：□機関　□施設　□病院]		種別：
名称：		

契約書	①実習生紹介票	②実習の動機と課題
□　清書　１部 □　コピー　２部 ※ほか１部は各自保管	□　清書　１部 □　コピー　２部 ※ほか１部は各自保管	□　清書　１部 □　コピー　２部 ※ほか１部は各自保管

[注意事項]
＊　清書を３部コピーし、そのうちの１部は、各自で大切に保管すること（７月に配付する実習記録ファイルにファイリングし、実習に持参すること）
＊　提出時は、本票（この用紙）を表紙にし、すべての書類を順番にまとめ、クリップでとめて提出すること

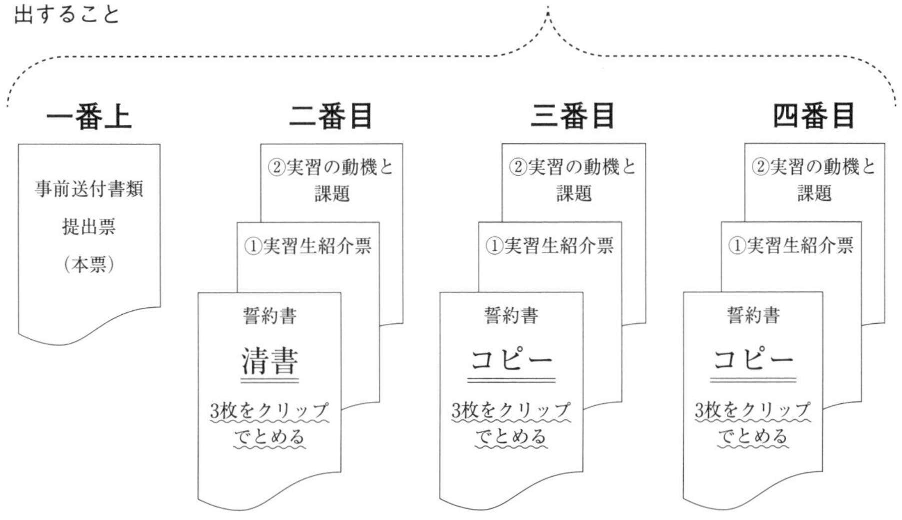

一番上

事前送付書類
提出票
（本票）

二番目

②実習の動機と課題

①実習生紹介票

誓約書
清書

3枚をクリップ
でとめる

三番目

②実習の動機と課題

①実習生紹介票

誓約書
コピー

3枚をクリップ
でとめる

四番目

②実習の動機と課題

①実習生紹介票

誓約書
コピー

3枚をクリップ
でとめる

第２部　実習事前学習の基礎　　55

27 個人情報・プライバシー保護の説明

1 実習における個人情報の保護とプライバシーの尊重に関する留意点

社会福祉士は、ソーシャルワーカーの「倫理綱領」や社会福祉士の「行動規範」において、利用者の個人情報（個人の生活に関する全般的な情報、個人が特定される情報）の保護や、プライバシー（他人にむやみに干渉されたくない個人的なこと、一人でいられる権利など）の尊重について、遵守するよう定められていることはもう承知のことであろう。個人情報の保護とプライバシーの尊重は、法的なことであり（個人情報保護法）、倫理的なこと（ソーシャルワーカーの倫理綱領、社会福祉士の行動規範）であるから、遵守しなければならない。実習生も例外ではない。実習生はまだ社会福祉士でも専門職でもないが、ソーシャルワーカー候補者として、実習先で利用者の個人情報やプライバシーに触れ、成長していく必要がある。そのため、様々な実習機関や養成機関は、実習生の学びを深められるよう、ガイドラインを作成している。そこには個人情報、プライバシーの保護に対する意識を徹底する必要性が記載されている。特に個人情報の保護に関しては誓約書によってその重要性を確認させている。そこで、もし、実習生が実習先で関わった利用者の個人情報の保護やプライバシーの尊重を怠ってしまったら、どのようなリスクが生じてしまうのだろうか。そのリスクについて考えてみたい。

2 利用者の個人情報の保護やプライバシーの尊重を怠ってしまうことによるリスク

実習生は日々の学びを実習記録（あるいは実習日誌）に記載している。そしてその実習記録には、直接関わった利用者がどのような方なのか、その利用者の現状や背景、をも記載する。事例をもとに考えてみよう。例えば、身体障害のある方が利用する通所サービスに通っていた宮本タケシさん（60歳）を「M・Tさん、60歳、男性、独居」と記載。住まいは新宿区西新宿で「S区N町」と記載。「精神機能や認知機能が低下しているが一人暮らし」と記載。「最寄りのスーパー丸丸（仮名。全国チェーンと仮定）は徒歩1分。一人で行ける」と全国チェーンのスーパー名を「スーパー丸丸」と固有名詞で記載。「息子は東京大学卒業。私の自慢と言っている」と、ここでも固有名詞の大学名を記載。そして「息子は大手のA社に勤めていて金銭面で父親を支援しているが、あまり訪問することがなく、過去に悪徳商法の被害にあい、まだ使える屋根瓦を全部張り替えられてしまった」と記載。この実習記録には上記の情報以外に利用者の身体的特徴や実習施設名も記載されている。もし、このような情報が記載されている実習記録を、実習終了後、帰りに立ち寄ったファミリーレストランや帰りの電車のなかに置き忘れてしまい、それがたまたま高齢者や障害者を狙った詐欺犯罪集団の手に渡ってしまったら……。その実習記録には実習生の氏名以外にも、実習施設の名称や住所、通所サービスを利用している曜日も記載されている……。独居で、過去に一度、高齢者等を狙った詐欺被害にあっている……。通所サービスの送迎車のあとをつければ、利用者や利用者の自宅の特定は容易であり、悪徳リフォームやオレオレ詐欺の被害にあう可能性も、なくはないだろう。

このように、実習生であろうと、個人情報の保護やプライバシーの尊重を怠ることのリスクは、専門職が冒すリスクと変わらないことを忘れてはならない。実習生のミスでも、利用者に多大な

損害を与えることもある。また、実習生であっても利用者の個人情報の保護やプライバシーの尊重を怠ってはならないこと、実習終了後も保護と尊重は怠ってはならないこと、を本来授業で習っているはずだ。それらを怠ると、重要なことを覚えていない、重要性を理解していない、利用者の身になって考える能力がない、学習を怠っている、と評価されることもある。ソーシャルワーカー実習はソーシャルワーカーとしての適性を精査されている、ということも忘れてはならない。

◎伝えたいポイント

- ・個人情報の保護とプライバシーの尊重は、法的なことであり（個人情報保護法）、倫理的なこと（ソーシャルワーカーの倫理綱領、社会福祉士の行動規範）でもある
- ・実習生はまだ専門職ではないが、実習中にその適正を精査されていると心得よ
- ・個人情報の保護やプライバシーの尊重を怠ることのリスクは何か、を常に考える必要がある
- ・実習記録には、利用者の個人情報やプライバシーに関する情報を固有名詞で記載してはならない。例えば、地域が特定される学校（地域名が名称にある学校や有名な学校）やスーパーの名前、地域の商業地域（○○新都心など）、観光施設などの名称が固有名詞で記載されていると、その他の複数の情報とあわせて個人を特定できる場合がある
- ・利用者の名前やその他の情報は、利用者が特定できるイニシャルにするより、A氏、B氏、C県、D市、E病院、F役所、…などとアルファベット順にする等の工夫をすれば、個人情報は保護される

◎個人情報の保護やプライバシーの尊重を怠ることのリスクの例

- ・虐待や暴力から逃れるためにシェルター的役割のある施設に入所していたが、その居場所が明らかにされてしまう
- ・他人に干渉されたくない病気や障害が周囲に知られてしまう
- ・福祉を利用しているという負い目があるのに、福祉の利用が周囲に知られてしまう
- ・負債を抱えていることが周囲に知られてしまう
- ・財産が多いことが明らかにされて身内や他人より財産が狙われてしまう

※その他に考えられるリスクを考えてみよう

◎ステップアップ

- ・兵庫県社会福祉士会監修、高間満・相澤譲治編著（2011）『ソーシャルワーク実習―養成校と実習先との連携のために―』久美.

28 実習計画書の作成方法

1 実習計画書は、なぜ作成しなければならないのか

　ソーシャルワーカー実習にかかわらず、多くの専門職養成校の実習生は、実習前に実習計画書を作成している。現在では実習前の実習計画書は専門職養成の実習プログラムの一つとして確立されていて、一般社会においてもPDCAサイクルの考え方などに見られるように、実習生が実習前に実習計画書を作成することは常識的な流れであろう。しかし、だからといって機械的に実習計画書を作成しては、実習の質に影響を与えかねない。それでは、なぜ、実習計画書を作成しなければならないのか。それは、目的目標を持って計画的に実習を行い、途中あるいは終了後に評価し、反省し、さらに学びを深めるためである。立てた計画は、計画通りに行けたかどうか確認しなければならない。ここで重要な点は、実習計画書は、実習中あるいは実習終了後に振り返る材料でなければならないということである。定期的に行われる実習巡回指導、実習中の中間反省会、実習最終日の最終反省会、あるいは実習終了後に養成校で行われる実習報告会などにおいて、実習前に作成した実習計画を無視しては、実習生自身の成長度が確認できず、実習の質を落としかねない。さらにいえば、実習生にとって最後の実習であるにもかかわらず、「社会福祉士になるまでの自分の課題は何か」を曖昧にしてしまうことにも繋がる。実習計画書は、後に評価し、自分自身の成長を助けるものでなければならない。

2 実習計画書には、何を書けばよいのか

　実習生より「実習計画書に何を書けばよいのかわからない」との質問を受けることがある。そのような質問をする学生の特徴としてまず考えられるのは、「事前学習が足りない」ということである。この事前学習で念頭に置くべき重要な項目は、「政策（マクロ）レベル」「臨床（ミクロ）レベル」「運営・経営（メゾ）レベル」の3つである。そして実習生の行う実習は、「職場実習」「職種実習」「ソーシャルワーク実習」の3つでプログラミングされている。しかし、念頭に置くべき3つの項目や3つの実習プログラムに沿った実習計画を書くように指示されても、書けない人は書けないのである。実は、この「事前学習が足りない」という言葉には深い意味がある。本当に事前学習を怠けている実習生や、やってはいるけれど事前学習と実習計画を結びつけられない実習生など、実習生の特徴は様々である。しかし、このような実習生に共通して欠けていることは、人間や社会に対するワクワクするような好奇心や、社会に対する溢れるような正義感、社会そのものや社会システムに対する問題意識、などの「動機づけ」だと考えられる。つまり、事前学習を確かなものにするためには、日頃よりこの好奇心や正義感、社会に対する問題意識など、動機づけになるものを自ら奮い立たせて作っている必要があるのである。そうすれば動機づけは事前学習をするという行動となり、脳へのインプット（授業で習ったこと、自分で調べたことなど）がアウトプット（実習計画で応用）され、事前学習と実習計画がつながるのである。

　次に考えられる実習生の特徴は、「自分の今の立ち位置がわかっていない」ということである。これは実習担当教員も実習指導者も実習生に対してはストレートには言いにくい、少し厳しい言い方ではあるが、わかりやすい表現である。大きな声ではいえないが、完璧な教員やソーシャル

ワーカーはいない。実習生であればなおさらであり、だからこそ堂々と大きな声で己のできていない部分を実習計画書という文章のなかで明確にすることができるのである。利用者に誠実に向き合うためには、まず自分の今の立ち位置を理解する必要がある。自分の今の立ち位置がわかれば、「以前体験したボランティアで○○ができなかったから今回はできるようになりたい」「日頃、○○が苦手だから実習先では○○ができるようになりたい」など、まずは実習目標を設定し、それを実習計画に活かすことができるのである。

③ 実習計画書は、どのように書くのか（さらに具体化するために）

実習計画書は自らの実習目標に関連するものであり、具体的に記述し、後に評価できるものでなければならない。例えば、相談援助演習の授業のインテーク面接の演習において、緊張のあまり共感的にできず作業的になり、援助計画の参考になる情報を得られなかった実習生が、実習計画に「インテーク面接を行う」という計画を挙げたら、後に評価できるだろうか。実習終了後に「インテーク面接は……実習中に行った。やったといえばやった」と評価してしまえば、講義も演習も実習も意味をなさないのである。演習で挙がった自己課題を実習に生かすことができなかったからである。インテーク面接は、どのように行う、何に気をつけて行う、と計画を具体的に細分化することが必要な計画である。そのため、演習の授業の際に挙げられた課題を克服すべく、「インテーク面接を共感的に行い、援助計画の参考になる情報を得る」と実習計画を立てることができれば、「インテーク面接○」「共感的○」「援助計画の参考△」のように分割して評価でき、次の実習計画として「援助計画の参考になる情報を話してもらえるように、効果的な質問技法を活用する」と、さらに自己成長できる実習計画を立てることができるのである。

◎伝えたいポイント

・実習計画書の作成には、好奇心や正義感等の動機が必要である
・実習計画書は、自分自身の成長を助けるものでなければならない
・まずは目的意識を持った具体化した実習目標を挙げ、それを抽象化して実習計画を作成する

◎ステップアップ

・日本福祉大学社会福祉実習教育研究センター監修（2015）『ソーシャルワークを学ぶ人のための相談援助実習』中央法規出版.
・川村隆彦編著（2014）『事例で深めるソーシャルワーク実習』中央法規出版.

29 実習先種別ごとのグループワーク

1 実習先種別ごとの特徴

　実習生にとって自分がいかなる施設・機関に配属されるかは、単なる実習の成果に留まらず、その後の進路や人生の選択肢を左右するほど大きい要因となることがある。それゆえ、明確な目的や具体的な問題意識を持ち、学び多い実習となるよう努力してほしい。とはいえ、それは狭い意味での狭い範囲内での理解に終始するということではない。つまり、自らの配属先の種別の施設・機関だけを知ればいいというわけではなく、関連機関との関わり方にも意識を向けてほしい。とりわけ、多職種連携、チームワークが問われる近年の現場実践では、他との違いや重複部分などを冷静に見極めることも重要になってきている。そこで、以下、実習先種別ごとのグループワークをどのように進め、それをいかに共有させればいいのかを概説する。まず、実習先種別ごとの特徴把握では以下の4点を整理する（表29-2参照）。

(1) 実習分野の施設・機関などの法的根拠、制度的位置づけを把握するとともに、政策動向の変化などにおいてどのような課題があるかを理解する。

(2) 施設・機関を利用する利用者やその関係者のニーズを理解するとともに、実際に行われている相談援助業務や関連業務について理解する。

(3) 相談援助実習を行う施設・機関における多職種連携を含むチームアプローチの実際を理解する。また、地域の社会資源や関連機関との連携などのサービスの運営管理について理解する。

(4) 相談援助実習に際して求められる姿勢や事前学習を含む実習前に準備すべき事柄を確認し、相談援助実習の具体的なイメージをつくる。

2 実習先種別ごとのグループワークの方法

　上記を行う際には、4〜5人一組のグループをつくり、グループワークを行う。原則としてはグループメンバー全員がこの作業に主体的に取り組むのが基本となるが、効率を考え、例えば、司会者、調査者、記録者、発表者などと役割分担してもよい。大きな模造紙、ペン、大きめの付箋などを用意し、各自で必要事項を書き、それをグループ分けして整理していくKJ法を用いてもよい。なお、90分間の授業の場合、最低2講分は使い、1講目は各自の自主的作業の時間とし、2講目に発表・情報共有の時間とする。連続授業でない場合には、翌週までの課題という形で作業を進めさせるとよいだろう。形式は以下の表29-1を参照してほしい。

表 29-1　実習先種別ごとのグループワーク（検討内容・例）

1　分類 2　事例（ソーシャルワーク／相談援助） 3　近年の動向・課題

③ グループワークの結果発表と情報共有

　各々のグループワークの結果をプレゼン形式で発表させることもよい勉強となる。この場合、1 グループの持ち時間を 15 分間（うち、発表 10 分間、質疑応答 5 分間）とし、模造紙を前に掲示する形で発表を行う。聴視者はその発表内容の理解を深めるとともに、興味・関心をもった点や腑に落ちない点などを質問する。こうした素朴な疑問の解消やその理解深化が実習期間中に感得する事柄と関連することがあるため、念入りに行うとよい。そして、発表後には必ず全員で拍手をし、その努力を皆で讃え、実習事前指導の授業のよい空気を壊さないようにしたい。

表 29-2　実習先種別ごとに見た実習生に求められること

実習先種別	実習生に求められること
社会福祉行政機関	個別援助の経験やノウハウだけではなく、生活課題の解決方法を地域住民とともに見出す能力。「できないこと」を「できること」に変えていく力。ネットワークづくりなど
社会福祉協議会	人材養成を視野に入れた実習参加姿勢。地域福祉の担い手となるべく、「自由な発想力」を伸ばしていく力など
高齢者福祉施設（居住）	積極的な態度と謙虚な姿勢、ほう・れん・そうなどの基本原則、守秘義務、健康管理、介護技術等も含めた「介護」に関する知識の習得など
高齢者福祉施設（通所）	利用者に対する配慮、言葉遣いやていねいな態度、個人情報保護・守秘義務などの倫理、家族との関わりから学ぶ力など
高齢者福祉施設（相談）	利用者への尊厳保持、目上の人に対する言葉遣い・態度、制度・事業の理解、社会資源の活用、地域包括ケアなど
障害者福祉施設（居住）	「居住の場」における利用者の生活状況の把握、職員の業務概要の把握、施設と地域との関係性の把握など
障害者福祉施設（通所）	利用者の生活と作業場面の把握、通所・就労型施設の支援目標と支援技術の理解、利用者の就労と生活の意識に関する理解、職員の業務概要の把握など
障害者福祉施設（相談）	障害者に向き合う姿勢、障害者福祉サービスの知識、専門施設・機関の基本的情報、地域理解と社会資源の発掘など
児童養護施設等	個々の子どもの発達に応じた生活支援、子どもたちのごく当たり前な生活の尊重、受容と注意の区別（けじめ）、コミュニケーションスキル（試し行動時など）、共感的理解、傾聴など
児童相談所	守秘義務、高い倫理意識と意欲、受容的態度、子どもの最善の利益の保障、そうぞうせい（創造性・想像性）など
婦人・寡婦福祉施設等	明確な実習目標、知識・技術だけではなく「生活者」としての視点、制度の見直し、利用者の状況、観察・行動・考察など
医療機関	誠実さ、礼儀作法、表情や態度、患者や家族のつながり（ネットワーク）の意義、生命の重さ、発言の重さ、柔軟性など
生活保護施設	ノーマライゼーションの考え方、制度・政策の理解、生活保護の目的・原理・意義、社会問題（不正受給、貧困ビジネスなど）への理解など

出典）筆者作成。

30 実習の課題と達成方法の検討（4回生への質問と情報交換）

1 「実習の課題」を「実習で達成したい目標」に置き換えて考えてみよう

　実習の課題とは、実習を通して取り組みたい問題を実習生が自分自身にあらかじめ課すことである。そのため、基本的には、実習担当教員は、実習生が実習を通して何に取り組みたいと思っているのかを実習指導の時間のなかで言語化を促し、実習生が自分の力で課題の一覧表を作り上げることができるよう助言指導を行うことになる。

　上記が実習の課題についての概説であるが、「達成方法」の検討をする際には、この「実習の課題」のことを「実習で達成したい目標」に置き換えて指導した方が、実習生が「達成方法」を論理的に検討しやすくなる。そのため、ここでは「実習の課題」を「実習で達成したい目標」に置き換えた上で、「実習で達成したい目標」とその「達成方法」を検討する手順を紹介したい。

　実習の目標とその達成方法の検討の手順は、以下の通りである。まず最初に、教員から実習生に、実習を通して達成したい目標は何かを問い、用紙に書き出してみるように指導する。この目標については、実習生は複数思い浮かぶはずなので、いくつ列挙しても構わないが、多くの場合、4つから5つ程度になる。次に、それらの目標を達成するためには、それぞれの目標に対してどのような方法を取る必要があるのかを問い、用紙に思いつく限り書き出してみるように指導する。この方法についても、複数の方法が思い浮かぶはずである。

　上記に紹介した手順は非常に簡略な流れではあるが、このように、実習で達成したい目標を複数考えた後で、それらの目標を達成するために取るべき方法（達成方法）は何かということについて考える方が、実習生が「達成方法」を論理的に導き出しやすくなる。つまり、達成方法とは、ある目標を達成するために取るべき複数の方法のことである。

　実習生が事前に「実習中に達成したい目標」とその「達成方法」を書き出しておくことで、実習中に実習生自身が日々どのような行動を取ればよいのかをあらかじめ明確にすることができる。

2 目標と達成方法のたとえ話

　実習で達成したい目標とその達成方法を考える上で、実習生によく披露するたとえ話がある。それは、「肉じゃがの調理」の話である。例えば、「肉じゃがを作ってみんなで美味しく食べる」という目標を立てたとする。では、その目標を達成するためには、私たちはどのような方法（手順）を取る必要があるだろうか？

　まず最初に、肉じゃがの標準的な作り方を様々な媒体を使って自分で調べてみることは、そのあとに自分がすべき作業をある程度明確にすることに繋がる有益な作業である。次に、入手できた情報をもとに、スーパーに肉や野菜などの食材を買いに行く必要がある。そして、購入した食材を家に持ち帰ったら、食材を切るなどして下ごしらえをする。続いて、下ごしらえをした具材を使い、火にかけて調理する。最後に、火を止めて皿に盛りつけ、みんなで美味しく食べれば、当初に立てた「肉じゃがを作ってみんなで美味しく食べる」という目標は達成となる。

　以上は、非常に簡略なたとえ話であるが、目標を達成するためにどのような方法を取るべきかという一連の作業を理解する上で有用である。

3　4回生への質問をするための情報交換の場の設定

　実習で達成したい目標とその達成方法を明確にする際に実習生の助けとなる存在は、以下の2つである。

　第一には、実習指導を担当し実習生に助言指導をする教員がいる。実習生が、各自で自分の実習で達成したい目標を明確化し、次いで、それぞれの目標の達成方法を書き出すという一連の作業について、教員が実習生に対して直接指導しながら、実習生が自分の考えを書き出し、仕上げていく作業が基本となる。もちろん、実習で達成したい目標とその達成方法を書き出す作業を宿題として実習生に課すのも一法である。

　第二に、すでに実習を終えて間もない4回生という存在も大きい。3回生の実習指導の時間に情報交換会と題して数名の4回生に同席してもらい、実習経験をもとに助言をしてもらうのである。4回生から3回生に助言をしてもらう最大の利点としては、4回生が実際に前年に実習に行っているため、4回生の経験と反省をもとにした生きた助言が受けられることである。

　3回生と4回生の情報交換会の具体的な進行方法としては、まず、あらかじめ声かけした2～4人程度の4回生に3回生の実習指導の授業に来てもらう。次に、4回生が実際に作成した実習で達成したい目標と達成方法についての資料を配付し、4回生に発表してもらう。発表の際には、作成する上で気をつけたことやよかった点、さらには、実習を終えてからもっと別の書き方をすればよかったと思う点、後輩への助言などを発表する。発表後には、3回生からの質問を受けつけ、4回生に答えてもらう。教員が総括し、全体への助言指導を行う。その後、4回生に教員と3回生からの謝意を伝え、4回生が退室する。その後、3回生は、4回生との情報交換会で得られた情報を活かしながら、各自で書類作成の作業を進めることになる。

　教員自身が実習に行った経験は、年を追うごとに古くなる。そのため、4回生から生きた情報を3回生に提供する機会を設けることにより、3回生の実習前の準備をより有意義なものにすることができる。是非、3回生と4回生の情報交換の場を活用してほしい。

◎伝えたいポイント

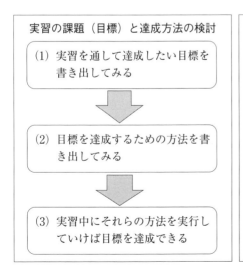

31 実習計画書の作成と添削

① 実習計画書の目的と意義

　養成校では、学内実習指導において実習教育計画に沿った実習指導が行われており、実習計画書の立案、作成指導のもと、学生は相談援助実習に向けて、事前に実習計画書を作成する。この作業は学生が実習指導、日々の授業の効果測定を可視化し、実習の意義、自身の動機、問題意識等を整理することにより、実習に向けての目標を立案する重要な作業である。かつ養成校で学んでいるジェネリックなソーシャルワークを、実践学習としてのスペシフィックなものに変換する重要な過程でもあり、作成した計画の客観的視点が問われる、意味のある準備段階ともいえる。実習施設、機関側においても事前に実習指導計画が準備されていることが一般的であり、学生の作成した実習計画と、施設側の指導計画のすり合わせが行われる。つまり実習前オリエンテーションまでに抽象的かつ予測的に作成された実習計画書は、オリエンテーション時、施設側の準備する指導計画との互換性のもと、添削指導が行われ、より具体性のある計画として現場実習に活用される。このようなことからも実習計画書の位置づけとしては、養成校、実習施設が担う相互的、かつ協力的な社会福祉専門職教育の基盤とみなすことができ、学生にとっても、将来就くと予想される社会福祉専門職としての倫理および価値観の習得体験プログラムであると言い換えることができる。

② 実習計画書の作成のポイント

　実習計画書の項目設定は様々であるが、一般的に以下のように構成されていることが多い。①実習テーマ、②実習に関する問題意識、③実習目標（大目標・小目標）、④目標達成の方法、⑤事前の準備学習内容等。実習テーマに関しては施設種別、職種により設定される場合が多く、施設種別の場合では高齢者、障害児・者、児童、地域、貧困者、その他の支援分野の課題をテーマとすることが望ましい。かつ作成する際には予定されている実習内容と照らし合わせ、整合性を考慮することも大切である。次に問題意識に関しては、現在の社会福祉を取り巻く状況を踏まえ、社会的課題、社会福祉専門職に求められる課題を含めることが不可欠である。また実習目標については、最終的な目標課題達成に向けて、学生自身として何を事前学習として行い、実習でどのような援助を展開するのかを、部分的目標から最終的な目標へ関連づけて考察することが必要となる。

③ 実習計画書の添削時の注意点

　学内実習指導において学生が作成した実習計画は、実習開始前に必ず確認し、加筆、見直し等の添削を加える必要がある。添削時期としては、実習計画書提出の実習オリエンテーション前、実習オリエンテーション後の最低2回以上の添削指導を行うことが望ましい。

　【実習オリエンテーション前】の主な添削チェック項目

　誤字脱字等の訂正・語句の確認・標準語への変換・主語、述語、修飾語の使い方の確認・尊厳を重視した適切な表現・根拠法等の理解度・専門用語の使用頻度・文章の表現方法　等。

【実習オリエンテーション後】の主な添削チェック項目

実習指導計画との整合性の確認・実習施設の概要・特性の確認・実習指導者からのスーパービジョン内容の追加、実習目標・課題の再検討（必要であれば）・新たな課題、目標の追加　等。

◎伝えたいポイント

実習計画書の作成に関して
・実習に向けた問題意識、課題目標、方法等の整理
・実習目標（大目標・小目標）の関連性、仮説の検討
・実習前オリエンテーション時における実習指導計画との整合性の確認
・具体的かつ効率的な実習方法、手順の検討
・目標達成に関する知識（根拠法・関連法・社会福祉専門用語）、技術等の蓄積と実践的活用

添削指導に関して
・文章の書き方（具体的な表現・客観的な表現、わかりやすい文章構成等）、誤字脱字の訂正
・根拠法・関係法の確認、専門用語の確認、プライバシーの保護・人権擁護等に関する知識の理解
・実習目標および課題の追加、変更
・実習指導者よりのスーパービジョン等の助言、指導を反映

◎実習計画書の位置づけ　　◎実習計画書の詳細例

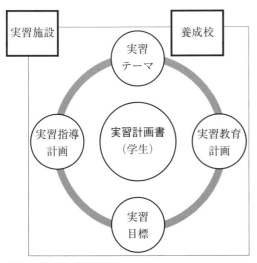

出典）筆者作成。

★問題意識➡実習に関して「何のために」「どこで」「何を」「どのように」行いたいか等の動機等を具体的に明記
★実習目標➡大目標・小目標➡小目標の達成＋小目標の達成＋……＝最終的な大目標の達成を仮定し関連性を明記
★目標達成のための具体的な実習内容（関わり方、方法）➡実習（小目標）達成に向けた具体的方法、手順を明記
★目標達成に向けての準備➡実習目標達成に向けて必要な知識、技術を学習し、具体的に記載。参考資料、文献等も明記

出典）筆者作成。

◎ステップアップ

公益社団法人日本社会福祉士会（2005）「社会福祉士の倫理綱領」．

32 ソーシャルワーカー（社会福祉士）の資質と倫理Ⅲ（ソーシャルマナー基礎編）

1 実習を円滑に進めるために

　ソーシャルワーカー実習の対象者や分野は様々であるが、実習は実習生のみのコミュニティではないことは確かである。そこには社会人がいて、利用者も実習指導者も実習生には社会人としての対応を当たり前のように求めている。よって、実習生であっても最低限守られるべきソーシャルマナー（社会で適用される行儀・作法）を身につけていないと、実習は円滑に進まず、時には実習指導者や実習担当教員より厳しく指導を受けることがある。本来、実習指導者や実習担当教員が指導すべきことはソーシャルワーク実習に関することであって、ソーシャルマナーではないから、実習が円滑に進まないのである。ソーシャルマナーの指導に時間を取られることはとてももったいないことである。それでは実習を円滑に進めるために、実習先より指摘されやすいことは何かを考え、さらに自己点検していただきたい。

2 実習先より指摘されやすいこと・求められていること

　(1) 挨拶・笑顔・言葉遣い　挨拶はマナーの基本である。挨拶が十分ではない実習生の特徴として、恥ずかしさ、挨拶に対して挨拶という見返りを求めている、相手を見下しているなどの特徴が考えられる。それらに対して共通していえることは、挨拶は礼儀であるのでしなければならないこと、そして相手に対する思いやりの表れであるため挨拶は必要であること、の２点である。次に笑顔である。様々な研究で実証されているが、笑顔は、笑顔になる私たち自身を緊張からほぐし、相手の緊張感もほぐすことができるのである。笑顔と笑顔でない人の比較研究では、周囲の人は、日頃から笑顔の人の失敗に対する許容範囲が広い、との結果も出ている。失敗はしないに越したことはないが、笑顔でその後の待遇がよくなることは確かなようである。そして、言葉遣いである。皆さんは、テレビ等に出演している、あまり見慣れないタレントなどが目上の人、年上の人に対して、敬語を使わないで話す（いわゆるタメ口）、おかしな言葉遣い（流行言葉など）で話す、などを見聞きして、違和感と不快感を覚えないだろうか。話し相手がどう思うかも重要だが、実は言葉遣いが悪い人・おかしい人が側にいるだけで、周囲の人は不快を感じているのである。実習生のようにあまり見慣れない存在であればなおさらである。言葉遣いを正すには、まずは敬語を知る必要がある。敬語のボキャブラリーが少ない場合は、教本やインターネットにより、敬語のボキャブラリーを増やしていく必要がある。

　(2) 時間を守ること　特に始まりの時間を守ることは社会人として基本のルールである。相手にはスケジュールがあり、実習生が遅れることによってその遅れた分の時間は無駄になり、スケジュールを立て直さなければならなくなる。常に相手のことを考えて、時間を守る必要がある。また、自分自身の心の余裕を持つためにも、15分前行動を心がけるとよい。

　(3) 服装・身だしなみ　特に第一印象は外見から判断されることが多い。例えば、事前訪問であれば、スーツのシワやネクタイの結び方などは、目につくところである。「この実習生は事前にシワを伸ばすことはできなかったのか」「ネクタイの結び方を事前に調べることはできなかったのか」「自分自身を少しでもよく見せようと思わないのか。客観的に自分自身を見ること

ができないのか」などと思い、実習指導者には最初の段階より不安感が残るだろう。服装・身だしなみで実習に対する心構えが判断されることもある。また、実習中であれば、実習着のデザインや機能性、衛生面などにも配慮が必要である。これに関しては実習先によって異なるので、事前に実習先に確認しておく必要がある。

（4）**積　極　性**　　特に実習先より指摘されるのが、少し手や時間が空くと自由時間や休憩時間のように何もしなくなる実習生がいる、ということである。せっかく実習に来たのだから、自分の実習テーマであることを先輩スタッフに教えてもらう、または「手が空いたので、○○をしてよいですか」「何かやることはありますか」「昨日できなかった○○をしてもよいですか」等の質問や伺いをして積極的に動くことを心がけ、有意義な実習期間を過ごす必要がある。

（5）**敬意と思いやりを表した行動**　　実習中、案内された部屋で真っ先に上座に座ってはいないか。また、出された飲み物を当たり前のように片づけずにそのままにしてはいないか。その飲み物を誰が片づけるのかを考えたことはあるか。実習生はお客様ではない。実習中に使用したロッカー、机などは、実習中はていねい・きれいに扱い、実習終了後は掃除をしてきれいに拭く、などを心がけ、実習終了後に片づける人、あるいは次に使う人へ配慮することも大切な実習マナーである。

（6）**体　調　管　理**　　実習に向けて、あるいは実習中の体調管理も周囲への大切なマナーの一つである。実習を休めばスケジュールは再調整が必要であり、感染が疑われるものであれば実習先の利用者やスタッフに感染し、迷惑をかけかねない。日頃の睡眠、栄養、ストレスコントロールも実習生の重要な役割である。体調に異変があれば実習を休み、医療機関を受診し、実習先の分野（児童分野か高齢分野かなど）を医療機関に伝え、その分野の実習を継続することはできるか、休んだ場合は再開できるか、再開したときの注意事項は何か、なども相談し助言を受ける必要がある。

◎伝えたいポイント

・上記の内容は他人事としてではなく、自分のこととして自己点検する必要がある
・実習先は社会そのものであることを忘れてはならない

◎ステップアップ

「おはよう21増刊　介護・福祉職のための接遇・マナーパーフェクトブック」(2015) 中央法規出版.

33 ソーシャルワーカー（社会福祉士）の資質と倫理Ⅳ（ソーシャルマナー応用編）

1 社会人の基礎力

経済産業省（2006）は、職場や地域社会で多様な人々と仕事をしていくために必要な基礎的な力を社会人基礎力としており、それは「前に踏み出す力」「考え抜く力」「チームで働く力」の3つの力から構成されている。「基礎学力」と「専門知識」を活かしていくためには、この3つの力が必要とされる。実習においても同様のことがいえる。ソーシャルマナーを踏まえた上で、自分の言動について自立的に考え、積極的に行動する必要がある。

2 実習中のマナー──こんなときどうする？

実習中は、想定していなかった事態に戸惑うことがある。基本的には社会人としての基礎的なソーシャルマナーに従えばよい。以下に具体例をいくつか挙げて解説しよう。

(1) 公共交通機関（電車やバス）が遅れて遅刻しそうなとき　遅刻が想定される場合は、実習先にその旨電話連絡をすること。車内からは電話ができないので、たとえ遅刻するかどうか判断が難しい時間帯であっても、時間的余裕をもって遅刻の可能性を含めて連絡しておくとよい。また台風や大雪などの悪天候により公共交通機関の運行中止が予想される場合は、なるべく事前に実習指導者に伝えて指示を仰ぐとよい。

(2) 職員とすれ違ったとき　実習施設内はもちろん、偶然に街中ですれ違うこともあるだろう。いずれにせよ「おはようございます」や「こんにちは」等の基本的なあいさつをするのが原則である。

(3) 応接室での座る位置　基本的には下座（入口にもっとも近い席）に座る。ただし別途指示された場合は、その通りにする。

(4) やることがなくて空き時間ができたとき　空き時間の過ごし方についてその場で職員に相談できない場合は、実習生が待機していてもよい場所で、資料を読んだり考えをまとめたり職員の様子を観察したりするなど、実習生として自分で考えられる範囲の実習をするとよい。

(5) 職員から実習生の言動について注意されたとき　なるべく慌てずに、注意された内容についてよく理解する。その際、職員と十分なコミュニケーションを図ること。実習生に改善すべき点がある場合は、素直に反省、謝罪し、態度を改めることを言明することが必要である。

(6) 職員が忙しそうで質問できないとき　実習ノートを通じて質問をするのもよいが、質問する時間を定期的に取ってもらうように職員に依頼するとよい。ただし、利用者への対応などで緊急を要する場合には、迷わず職員に声をかけ指示を仰ぐ必要がある。その際は、急ぎの要件であることをはじめにはっきり伝えることが大切である。

(7) 面接同席中にメモを取りたいとき　利用者への影響を考慮して、面接同席中にメモは取らないのが原則である。しかしメモを取りたい場合は、なぜメモを取りたいのかの実習生の意図を職員に事前に伝え指示を仰ぐとよい。

◎伝えたいポイント

・実習は、一般的なソーシャルマナーを踏まえて積極的に行おう
・わからないことや知らないこと、疑問に思うこと等は、素直に職員に伝えよう
・職員からの指摘については、まずは十分なコミュニケーションを通じて内容をよく理解しよう。その上で、必要に応じ態度を改めるなど改善しよう

◎挨拶の使い分け（例）

対面時	おはようございます／こんにちは／こんばんは
自己紹介	私は〇〇大学の△△と申します。よろしくお願いいたします
質　問	おうかがいしてもよろしいでしょうか
確　認	恐れ入りますが、もう一度お聞かせください
お詫び	申し訳ございません
辞　去	ありがとうございました／失礼いたします

◎応接室での基本的な席次

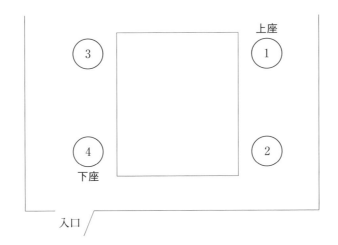

◎ステップアップ

経済産業省（2006）「社会人基礎力」（http://www.meti.go.jp/policy/kisoryoku/）

34 ソーシャルワーカー（社会福祉士）の資質と倫理V （ソーシャルマナー実践編）

1 ソーシャルワークを学ぶ実習生として

　事前学習では、専門職を目指す者としての資質や倫理、責任が問われる具体的な場面について、グループディスカッションなどを通して具体的に検討する機会を持ち、ソーシャルワークを学ぶ実習生としてあるべき態度、姿勢について理解し、適切な行動が取れるように準備をしておくことが必要である。

　日本社会福祉士会の倫理綱領や行動規範においては、ソーシャルワーカーに求められる「利用者に対する倫理責任」「実践現場における倫理責任」「社会に対する倫理責任」「専門職としての倫理責任」の4つの倫理基準の柱が明記されている。実習前には必ず「社会福祉士の倫理綱領」と「社会福祉士の行動規範」を一読し、復習しておきたい。

2 利用者との関わりの場面で問われること

　実習では、利用者との関わりにおいて、社会福祉士の倫理や資質が問われる場面に遭遇する。実習生は、利用者とコミュニケーションを図ることが実習中の大きな課題であり、その課題の達成のために利用者の心を開こうとエネルギーを費やす。一方で、利用者によっては、実習生に対して好意を抱いたり、実習後も関係を継続させたいという気持ちから、個人的な関係を結ぼうとしたりすることもある。

　実習生は、こうした利用者に対して適切な対応をとることができないと、結果的に利用者本人を苦しめたり、利用者の関係者を巻き込んだトラブルを招いたりすることにもなりかねない。

　ソーシャルワーカーとしての倫理を守るためには、実習において多くの気づきや学びを与えてくれる利用者への感謝の気持ちを持ちつつ、利用者との関係をどのように構築するべきなのかをしっかりと考えた上で実習にのぞみたい。

3 実践現場において問われる資質や倫理

　実習中、実習生は、学校で学んだことを踏まえて行った行動に対する実習指導者から受けた指導や、施設職員の利用者に対する関わり方に違和感を抱くことがあるかもしれない。そんなとき、実習生としてどのように考え、どのように行動するべきだろうか。

　ソーシャルワークやケアワークは、異なる環境や利用者の個々の状況に合わせて相談支援や介護が行われるものである。一方、実習生が学校で学んだものは、あくまでも一般的で理想的な知識や技術などの専門性である。したがって、実習生は、実習指導者や施設職員の行動を安易に否定することや、批判することは慎まなくてはならない。ここで大事にしなければならないことは、まず、学校で学んだ内容を踏まえつつ、ソーシャルワークやケアワークが個別性を重んじながら状況に合わせて柔軟に展開されていることを理解し、その上で、何が違うのか、その違いはなぜ生じているのかといった相違点について吟味しなければならない。

4 社会に対する倫理責任・専門職としての倫理責任

　施設実習では近隣の地域と、また地域に出向いての実習では地域の人々と関わる機会がある。その際、その地域の人々が抱える課題や問題に触れることがあるだろう。地域のなかでは、差別

や貧困、環境破壊などのような問題でなく、たとえ小さな問題であっても、地域の人々にとっては深刻なものがあることも少なくない。

　実習生であっても、そこで触れた問題には真摯に関心を向け、専門職として地域の人々からの信頼を失うような行為があってはならない。個人情報の保護を含めた、あらゆる面において、高い倫理性をもって様々な人と向き合わなくてはならない。

◎伝えたいポイント

- 社会福祉士の倫理綱領の復習
- 社会福祉士の行動規範の復習

◎４領域における倫理責任

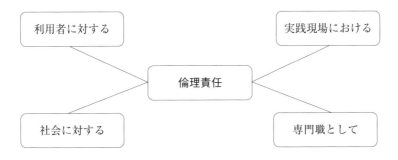

◎実習中に実習生がソーシャルワーカーとしての資質・倫理が問われる具体的な場面（例）

●利用者との関わりのなかで
・利用者に好意を抱かれて、連絡先を教えてといわれました。どうすればよいでしょうか
・利用者に「このことは職員さんには内緒だよ」といわれました。どうすればよいでしょうか
・異性の利用者から過剰なスキンシップを求められました。どうすればよいでしょうか
・利用者から立派な包み紙のプレゼントを渡されました。どうすればよいでしょうか
●実習指導者・施設職員との関わりのなかで
・学校で学んだことと実習指導者が指導する内容が異なります。どうすればよいでしょうか
・職員の利用者へのかかわり方がおかしいと感じました。どうすればよいでしょうか
・実習指導者以外の職員から注意や指導を受けました。どうすればよいでしょうか
・実習指導者から実習課題についてきちんと指導が受けられません。どうすればよいでしょうか

35 実習記録法Ⅰ（実習記録の内容と記録方法）

1 実習記録の目的

　学生にとって、記録を書く作業は日々の実習の振り返りを行う大切な作業である。記載するために、実習生は実習内容が鮮明なうちに整理を行い、記録として残すことで、より学びが深まると考えられる。加えて実習内容を客観的に系統立てることにより、次回からの目標設定を容易に立案できると言い換えることもできる。よく学生より「実習で最も大変だったのは、実習記録に何を書いたらいいのかわからない」「いつも記録を書くことが同じになってしまう」等の質問や愚痴を受けることがある。実習生にとって記録とは、初めての現場体験を文字化することであり、「日誌」「日記」と同様な意味合いで受け取っている場合が多々ある。その結果、本人の記載した記録を閲覧してみると、日々の実習の行動のみが時系列順に記述されている場合が多く、添削、訂正の対象となることが多い。

　そのためには記述するという作業を、初めて現場で学ぶ混沌とした内容を冷静に見つめ直す自己覚知として理解させる必要がある。つまり学生が主体的に支援する行動を分析、考察し、記録するルールを事前指導し、トレーニングすることが重要である。かさねて、実習記録が実習指導者との共有の情報交換のためのツールであることも理解することにより、実習指導者からのスーパービジョンでは、効果的な助言、評価していただく材料となることも伝えておく必要がある。

2 実習記録の書き方のポイント

記録を読む相手側に配慮して記述する

　実習記録は実習指導者と共有する文書であり、実習を正式な学外授業であると勘案した場合、様々な実習関係者が通覧する報告書としての側面も持つ。そのためにもていねいな文章が求められ、誤字脱字の禁止はもちろんのこと、ボールペン書きで記載し、主語と述語の構成を的確に行い、話し言葉ではなく書き言葉で記述することに考慮しなければならない。および現場で、よく使用されている省略された専門用語の使用は避け、正式な専門用語の使用を心がけたい。また記載される内容については、常に対象者のプライバシーの保護を踏まえた記述、保管を遵守することが大切である。

1日の記録内容を理解する

　実習記録の型は各養成校で様々な形式が使用されているが、①本日の目標、②目標達成への支援内容、③1日の行動、④考察・分析、⑤質問・確認事項、⑥実習指導者からのコメント等で構成されているものが一般的である。特に本日の目標については、全体の実習目標に向けての部分的立案、考察を行うとともに、前日、後日の目標との関連性を整理・分析し全体の実習目標に向けて部分的統一感を持って立案されるべきである。

わかりやすく、簡潔な表現を心がける

　実習記録の文章は明瞭かつ簡潔に記述することが大切。記述方法としては「いつ」「だれが」「どこで」「なにを」「だれに対して」「どのように」「なぜか」等の根拠を、具体的かつ簡潔に記述することで内容が理解しやすくなる。その際、あくまでも実習の現場を体験させていただいてい

るという学生としての立場を自覚し、記述することを心がける。

◎伝えたいポイント

- 実習記録は学外授業のレポートとしての意識を持つ
- 実習記録の基本は日々の実習目標であり、全体的な実習目標に関連づけて記述する
- 文章構成は客観的かつ具体的に、根拠に基づき記述する
- 専門用語を使用する場合は、必ず用語を調べる等の作業を十分に行い、理解した上で使用する
- 「〜である」「〜と考えられる」「〜と感じた」等の表現で記述する。また流行語、特定の年代のみで日常的に使用されている表現、言葉等は使用しない
- 常に記録内容に関係する利用者、実習に関わる指導者等の尊厳に配慮した表現方法を実践する
- 学生としての立場を認識した記録を意識し、提出方法も含め疑問点等がある場合は、必ず事前に実習指導者に確認を行う

◎実習記録の位置づけ

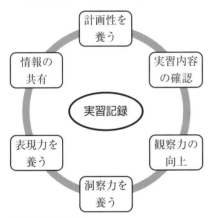

出典）著者作成。

◎記録の書き方の留意点

- ていねい（文字）に記述する
- 誤字脱字に注意を払う
- ６Ｗ３Ｈの原則を使用する
- 簡潔明瞭な文章を心がける
- 修正液使用は必ず実習指導者に確認してから
- 対象者の個人情報を守る
- 学ぶ側の立場を自覚した表現
- 尊厳を守った記述を心がける
- 専門用語を使用する

出典）著者作成。

◎ステップアップ

八木亜希子（2012）『相談援助職の記録の書き方―短時間で適切な内容を表現するテクニック―』中央法規出版.

第２部　実習事前学習の基礎

36 実習記録法 Ⅱ （実習中の記録の取り方、実習別の準備・心構え）

1 実習中のメモの取り方

　日々の実習記録には、実習で体験したこと、教えていただいたこと、学んだこと、指導されたこと等を考察し、次回の実習目標やソーシャルワーカーになるための課題を設定する、などの目的がある。その、体験したこと、教えていただいたこと、学んだこと、指導されたことは、正確に記録する必要があり、また、そのとき、その瞬間の"思い"や"疑問"は忘れずにいたいものである。そのためには、実習中にメモを取る必要がある。それでは、実習中のメモの目的と、何をメモすれば効果的な実習になるのかを考えてみよう。

　(1) 実習指導者の発言　実習指導者からの業務のレクチャーや指示、助言、アドバイスなどの指導はメモを取る必要がある。正確に覚えるということと、学ぶ姿勢があることを示す意味もある。ポイントをキーワードや箇条書きにしておくと、後で実習記録を記すときに思い起こすこともできる。指導する側も、実習を進める上で大切なことを伝えているのに、メモも取らない上に次の日には忘れているようでは、教え甲斐がないだろう。

　(2) 利用者の発言　利用者の発言は、先入観を持たずに事実を記録する必要がある。時には要約して記載する必要もあるが、メモはなるべく利用者の言葉を正確に把握できるように記録する必要がある。そのためにはポイントとなるキーワードを理解しておく必要がある。要約はそのあとに行う。要約する際の心得として以下のことが重要である。福祉の利用者は、精神機能や認知機能の状態により、時系列に話すことができない場合がある。私たちも大きな悩みを抱えているとき、つい時系列を無視して困りごとをランダムに話してしまうことはないだろうか。たとえ利用者が時系列を無視してランダムに話してきたとしても、それをいちいち時系列に話すよう促しては利用者も話す気をなくしてしまう。よって、ランダムな内容であっても、それをまとめるのがプロの腕の見せどころと心得て、後で時系列にまとめるようにする。

　(3) そのときの環境や状況、行動　そのとき、その瞬間の環境や状況も重要な情報である。また、利用者や実習指導者らの行動から様々な気づきや学びも得られる。主に聴覚を活用する発言からの気づき・学びが多いが、視覚や嗅覚、触覚、味覚と合わせ五感をセットでフル活用する必要がある。特に数時間たった事柄を思い出すには、そのときの環境や状況を思い出すことにより、正確に思い出すこともできるし、発言一つを取っても、そのときの環境や情報で意味が異なることもある。また、実習指導者らの行動や利用者の行動などから、発言を伴わない気づき・学びもあるだろう。そのときの環境や状況、利用者や実習指導者らの行動をメモしておくと、より正確な学びができる。

　(4) そのとき、その瞬間の思い　日々の実習記録は、日中に行ったことを実習終了後に記録をする。その際、実習を行っていたそのとき、その瞬間の思い、実習生としての思い、というものを、もうすでに忘れていたり、曖昧に自己解決されていたりすることもある。しかし、そのときの戸惑いや疑問、言葉にできない思い、というものを時間をおいて振り返ることも、ソーシャルワーカーの成長過程として大切なプロセスである。例えば、その瞬間に思ったことや疑問が、

時間を置いて考えてみると実は疑問に思うこと自体が間違っていたこと等である。その記録により冷静に客観的に自分を見ることの大切さや、自分自身の行動や思考のくせがわかるだろう。実習指導者の指導内容に対して思ったことや感じたこと、利用者の発言内容や行動から思ったことや感じたことなどを記録することは重要なことである。

2 メモを取る際の注意点

　配属実習の施設あるいは事業所の形態に合わせて、メモ帳を準備する必要がある。例えば、福祉事務所や社会福祉協議会、社会福祉士事務所などは、そのとき、その場で記録を取っている事実を実習指導者や利用者に明確にするために、小さなメモ帳より大きなメモ帳がよい場合があるだろう。また、面接室などで机に座って面接を行うときに小さいメモ帳で話を聞かれては、利用者から小さな仕事しか期待されないこともあるだろう。しかし、児童養護施設や障害者支援施設、高齢者施設などの生活施設においては、エプロンやポケットのなかにそっと入れられる小さいメモ帳がよい場合もあるだろう。よって、実習の配属先が決まったら、まずはどのようなメモ帳が適しているのかを自分で考え、その考えを実習事前オリエンテーションの際に実習指導者に確認しておく必要があるだろう。しかし、実習先によっては実習中のメモを禁止しているところもあるので、まずは実習中にメモを取ってもよいか、から確認する必要がある。

　メモを取る際に注意しなければならないことは、メモを取る前に「今、メモを取ってもよろしいでしょうか」と了解を得ることである。これは実習指導者に限らず、利用者への了解も忘れてはならない。これは礼儀としても大切なことであるし、特に実習の初めの頃は TPO として適切か否かの判断が難しいこともあるからである。そして利用者の状況によっては、利用者の前でメモを取ってはいけないこともある。例えば、受容・傾聴・共感が必要な場面では実習生にメモを取られていると、とても機械的に話を聞かれていると思われるし、事情聴取のように感じられることもある。また、利用者自身が観察や実験の対象であるように感じられることもある。心の不調から被害妄想になってしまうこともある。このような理由から、実習施設や事業所のなかには、組織として実習生に実習中のメモを禁止している事業所もある。メモを取る場合、利用者に対する配慮を忘れてはならない。利用者に対するプライバシーの配慮を最優先にしなければならないのである。

◎伝えたいポイント

　・実習記録を正確なものにすべく、メモを取る
　・そのとき、その瞬間、の思いを後に振り返るためにメモを取る
　・メモを取ってはいけない実習施設・事業所や実習場面もあることを理解する

◎ステップアップ

川村隆彦編著（2014）『事例で深めるソーシャルワーク実習』中央法規出版.

37 実習記録法Ⅲ（個人情報保護について）

① 実習記録の中の個人情報記載について

実習記録は、個人が特定されないように個人情報を保護された形で記載される必要がある。個人に関する情報は、実習での学びを説明するために必要な情報に限って、実習記録に記入する。その際、利用者の氏名は、実名のイニシャルではなく、まったく関係のないアルファベット等で記載することが望ましい。例えば「山田さん」という利用者の氏名は、「Yさん」ではなくて「Aさん」などと表記するとよい。また利用者の関係する機関の名称、地名などについても同様である。当然、実習施設名やそこで働く職員名も利用者に関係してくるため、同様にまったく関係のないアルファベットや、○○などの記号で表記する。また固有名詞を加工したとしても個人が特定され得るような個別性の高い内容については、詳細な記載を避けるような工夫をしなければならない。同様に実習記録上の他の情報と照合することにより、個人が特定される可能性のあるような記載方法をとってはならない。

実習は長期間に及ぶため、関わる利用者や機関なども多くなる。記録の際は、実際の人物名や機関名称とアルファベット表記は必ずしも一致しなくてよい。つまり、実習1日目の記録に記載した事例のAさんが、実習2日目の記録の事例のAさんと同じ人物である必要はない。1日の実習記録のなかで、人物表記はAから順に、機関名はZから逆の順に、地名は○○などの記号で表記するなど、自分なりのルールを決めておくとよい。

② 実習中のメモの扱い

正式な実習記録を作成する前に、実習生はメモを取ることが多い。そこでも、個人情報に十分配慮する必要がある。メモ帳には実習生の学習の経過や思考の過程等が書かれる。メモを取る段階では、何が実習の学びになるかは不明確であることが多く、見聞きしたことや気づいたことを何でも書きがちである。そのため実際の事例について、実習記録より詳細に記載する傾向がある。メモを取る際、固有名詞は実習記録と同様に匿名化する。ただし匿名化したとしても、他の情報と照合することにより、個人が特定され得るような情報があることに後から気づくかもしれない。そのため、メモの管理は実習記録同様に厳重に行う必要がある。メモは他者の目につかないようにし、メモ帳を持ち歩く必要がある際はバッグのなかに入れるなど、取扱いに十分留意する。メモ帳については、実習が終了し、事後学習を終えたら、速やかにシュレッターにかけるなどして安全な方法で確実に破棄することが必要である。

③ 実習記録の管理

実習記録には、個人情報に繋がる記載があるため、それらの管理は慎重になされなければならない。

今西ら（2011）によると、実習記録の管理にあたっては、教育機関で管理しているところもあれば、個人情報の管理について確認の上、実習生に管理を任せているところもあると報告されている。また実習記録は、学びの振り返りになり実習生が福祉現場に就職した後も支援の参考にできる場合もある。そのため、実習生が保管する場合は、実習生個人のみが取り出し可能なところに

保管すること、実習記録の活用については自己の振り返りと支援の参考にするに留めること、不要と判断した場合はシュレッダーなどで再現不可能な状態にして安全に処理すること等、厳重な管理が必要と指摘されている。

いずれにしても、実習記録は実習生にとって貴重な学びの記録であり、実習後も質の高い支援のために活用することが期待されるものである。したがって実習記録は、個人情報保護に留意した記載方法を厳守し、実習生個人が厳重に保管することが基本的な考え方といえる。

4 実習記録を用いたスーパービジョン

実習記録は、実習生の学びを深めるスーパービジョンにも用いられる。現場実習指導者や実習担当教員からの個別スーパービジョンもあれば、養成校の実習クラスにおけるグループスーパービジョンもある。スーパービジョンで活用される記録は、個人情報を保護した形で事実が正確に記載されていなければならない。また、事実に基づいた実習生の疑問や意見が、論理的に導き出されていることも必要である。事実からそのような考えに至ったプロセスを追いながら、スーパービジョンが行われることは多い。スーパービジョンは、グループで行うことによって相乗効果を期待できる。そのため、スーパービジョンは、個別とグループの両方の方法を用いて行われることが多い。そのようなことも加味して実習記録の記載においては、個人情報保護が徹底されていることは必須なのである。

◎伝えたいポイント

・実習記録における個人情報は、実習の学びを説明するために必要なもののみを記載すること
・実習記録とメモ作成においては、実物と関係のないアルファベットや記号を用いて固有名詞を匿名化するなど、個人情報保護に十分配慮すること
・利用者名や施設名を匿名化しても個人が特定され得るような情報に関しては、詳細の記述を避けること
・実習記録上の他の情報と照合することにより、個人が特定され得るような記載方法はしないこと
・実習記録とメモは、第三者が見ることができないように厳重に管理すること
・学習終了後、メモはシュレッダーにかけるなど安全な方法で処分すること
・実習記録を実習生個人で保管する場合は、その活用は自己の振り返りと支援の参考にするに留めること
・グループスーパービジョンで、実習記録の活用が考えられることからも、実習記録の記載にあたっては、個人情報保護について徹底しておく必要がある

◎ステップアップ

福山和女・田中千枝子責任編集，日本医療社会福祉協会監修（2016）『介護・福祉の支援人材養成開発論―尊厳・自律・リーダーシップの原則』勁草書房.

38 実習指導者とのオリエンテーション状況の確認
（実習計画・実習内容の検討）

1 オリエンテーションで確認する基本事項

実習前に行われるオリエンテーション（事前訪問、事前指導）の際は、以下の事項を確認する必要がある。事務的事項としては、実習時間、利用可能な交通機関、服装や身だしなみ、持ち物、昼食等の食事の準備、休憩や更衣の際に使える場所等である。また施設によっては、職員用の送迎バスを実習生も利用してよいとしているところがあるので、利用の可否について聞いておくとよい。実習の内容に関係する事項としては、施設の沿革や事業内容、施設の規模や職員職種と職員数、施設が提供しているサービス・プログラム、社会福祉士の業務の1日の基本的な流れなどを聞き、実習機関やそこで働く社会福祉士の社会的役割などについて理解を深める。また、施設の就業規則やルール、メモや実習記録の取り方、職員や利用者の呼び方、利用者等の対応の基本的ルール、悪天候等により公共交通機関が運行中止になった際の実習の取扱い等についても確認しておくとよい。その上で実習計画や実習内容について、実習指導者と実習生が十分話し合い、互いに確認し合意することが必要である。

実習生は、ここで初めて現場の実習指導者と対面することが多い。ゆえにオリエンテーションの場で、実習指導者と実習生の間で基本的な関係を作り、実習概要について互いに具体的なイメージを作れるようになることが望ましい。また周辺環境を確認し、交通事情等で通常の通勤ルートが使用できなかった際の迂回ルートも確認しておくとよい。

南野（2009）の指摘にあるように、実習前に当該施設でボランティア活動をすることの薦めがあった場合は、実習生自身の生活スケジュールや動機等に照らし合わせて返答するとよい。ボランティアを通じて、実習前に当該施設に慣れて利用者や職員との人間関係が深まるといった利点はある。しかし、学校のスケジュール等で時間的余裕がない、他機関でのボランティア活動を優先して行い実習施設との比較をしてみたい、といったような事情がある場合は、無理をしてボランティアをすることはない。ボランティアと実習は別であるので、断っても差支えはない。

2 実習生が考える実習計画と実習指導者が考える実習計画

実習生は、自らの実習テーマ（実習目標）を掲げ、それに沿った実習計画書を作成しオリエンテーションに臨む。ただし実習生が学びたい内容と、施設側が学んでほしい内容や提供可能なプログラムが細かいところで一致しない場合がある。施設側が考えているプログラムの意図を理解し、それを踏まえて実習生は自分が実習でどんなことができるかを考えることも必要である。

そのため、実習生の用意する具体的な計画や達成課題は、実現可能性を踏まえ、自分のテーマに沿いつつも始めは柔軟であるとよい。例えば、「利用者本人や家族を含めたチームアプローチについて学ぶ」をテーマにし、そのなかの計画に「利用者やその家族との面接をする」や「カンファレンスの場で発言する」といったことを挙げても機関の性質から実現できないことはある。ゆえに、「職員から、利用者やその家族との面接の様子を聞き、面接のポイントをあげる」や「職員からカンファレンスの様子について聞き、チームアプローチにおけるソーシャルワーカーに必要な視点を考える」などとしておくのもよい。

実習は基本的に、①職場の方針や環境について学ぶ「職場実習」、②施設・機関で業務を行っているソーシャルワーカーの業務全般を学ぶ「職種実習」、③社会福祉士が活用しているソーシャルワーク技術を学ぶ「相談援助実習（ソーシャルワーク実習）」の３つに分けられており、実習指導者が大枠を作っている。オリエンテーションでは、その大枠の計画のなかに、話し合いを通じて実習生の希望を織り込むことになる。そのため、実習生はどこに問題意識を持っているのかを実習指導者に明確に説明する必要がある。そのテーマを掲げた動機が伝われば、実習計画のなかに実習生の希望に配慮したプログラムが何らかの形で組み込まれることが期待できる。実習計画は実習指導者と実習生の話し合いを通じ、共同で作られることを意識しよう。

③ 実習内容の例

　例えば、実習生が家族というまとまりに焦点をあてた支援に関心があった場合、「利用者本人を含めた家族支援のあり方を考える」という実習テーマを掲げたとしよう。テーマが決まったら、そのテーマを達成するための課題を複数考える。この場合、「患者本人を含む家族各々の、身体的側面・心理的側面・社会的側面の状況を説明できる」「ソーシャルワーカーによる利用者本人を含む家族との関わり方を観察し、接し方や支援の仕方についてのポイントをあげる」「チームで支援を進めるために、多機関多部門多職種の連携について説明できる」「家族全体を視野に入れたアセスメントを行うことができる」「家族内の相互作用についての考察を述べることができる」などが考えられるだろう。これらの課題に取り組んでいくような実習内容について、実習指導者と実習生で話し合うことが重要である。

◎伝えたいポイント

- ・オリエンテーションでは、施設の特徴やそこで働く社会福祉士の役割・機能への理解を深めよう
- ・実習目標を達成するための具体的な計画や達成課題は、柔軟に考えておこう
- ・実習施設側が実習生に学んでほしいと考える事項については、きちんと説明を受け、自分はそこでどんな学びができるか考えてみよう
- ・実習生側から、自分の希望する実習テーマ（目標）とその動機について、明確に実習指導者に伝え、実習計画を両者で話し合おう
- ・実習計画は、実習指導者と実習生と共同で立てることを意識しよう

◎ステップアップ

川廷宗之・髙橋流里子・藤林慶子編著（2009）『相談援助実習』ミネルヴァ書房.

39 実習巡回指導および帰校日指導

1 実習巡回指導

　通常24日間の相談援助実習では、約1ヶ月間の時間を要することになる。その際、少なくとも週1回以上の巡回担当教員による実習巡回指導が必要とされている。ただし、実習先が遠方あるいは不便な場所にあるなどの事情がある場合、少なくとも1回以上の実習巡回指導を行う場合に限り、実習巡回指導に替えて帰校日を設定することができる。多様な形が想定されるが、通常は、実習1週目と3週目に実習巡回指導、2週目と4週目に学生が帰校した上での指導（帰校日指導）を行う。

　実習巡回指導は、何よりも日々多忙な実習先の都合を優先させながら行わなければならない。巡回担当教員と実習指導者とが緊密に連絡を取り合い、調整する必要がある。巡回日は、帰校日や他の巡回日を考慮し、全期間のなかにバランスよく設定する。なお、巡回日程の設定は巡回予定日の概ね1週間前までに完了し、実習生には巡回担当教員および実習先から伝えられるようにする。

　次に、実習巡回指導の形態には、①実習生との二者面談、②①に職員を交えた三者面談か、職員との面談を行うなどがあるが、いずれにするかについては巡回担当教員と実習指導者とが相談の上、決定することになる。なお、時間的には、例えば、①に30分程度、②に30分程度、合計60分程度とするとよい。ちなみに、巡回日・時間帯は、実習生と実際に面会できるように設定するのが望ましい。さらに、巡回時には、養成校の紹介パンフレット、リカレント教育講座パンフレット・チラシ、求人票等を封筒に入れて持参し、PR活動に努めるとよい。

2 実習巡回指導で確認すべきこと

　それでは、実習巡回時に巡回担当教員は何を確認すればよいだろうか。実習生の語りや実習指導者の発言などを受容しながら、巡回担当教員が課題整理をしなければならないのはいうまでもないが、基本的には以下の8点を確認するとよい。

　①時間数・日数のカウント方法について

　②利用者とのトラブル・事故等の有無について

　③実習記録の提出状況、出し方・書き方、内容について

　④実習生出勤簿の押印・記入状況について（体調の確認、欠席等の場合の期間延長の調整等）

　⑤実習生と実習指導者とのスーパービジョン状況について

　⑥実習計画書や実習評価票に基づく実習の実施状況や達成度について

　⑦具体的な実習内容について（実習中の些細な体験への意味づけ）

　⑧「実習記録」「実習全体のまとめ」等の記録の返却方法について

　ところで、実習巡回指導はそもそも実習中の実習生の悩みごとや困りごとに寄り添い、適宜、助言・指導することにより、より大きな実習成果を挙げることを目的としている。したがって、各実習生が直面している問題や課題を巡回担当教員のみが把握している状態では不十分であり、教員間の情報共有も欠かせない。とりわけ、重要な事項、緊急に対応すべき問題がある場合には、

実習委員会など各種委員会において協議・対応することになる。

③ 帰校日指導の実施と留意点

　実習期間中に、実習巡回指導の替わりに行われる帰校日指導は、教員や他の実習先の実習生らと対面できる機会であり、ほっとできる反面、様々な課題や困りごとが提起されることもあるので重要である。実習巡回指導を最低1回は入れなければならないというルールがある以上、この原則を遵守しなければならないが、実習巡回指導と帰校日指導との組み合わせはおおよそ以下の通りである。「巡回 ⇒ 帰校日 ⇒ 巡回 ⇒ 帰校日」のパターンがもっとも標準的といえよう。

実習巡回指導と帰校日指導との組み合わせ

〈帰校日指導が2日の場合〉

巡回 ⇒ 帰校日 ⇒ 巡回 ⇒ 帰校日　　※これが標準的なパターン

〈帰校日指導が1日の場合〉

巡回 ⇒ 帰校日 ⇒ 巡回 ⇒ 巡回

巡回 ⇒ 巡回 ⇒ 帰校日 ⇒ 巡回

巡回 ⇒ 巡回 ⇒ 巡回 ⇒ 帰校日

〈帰校日指導が0日の場合〉

巡回 ⇒ 巡回 ⇒ 巡回 ⇒ 巡回

　さらに、帰校日指導の内容については概ね次の通りとなろう（2事例）。ただし、これはあくまでも参考例であるので、各養成校の裁量で自由に創意工夫し、学生の学びを促す契機となることが望まれる。

帰校日指導スケジュール（例1）

1　グループ分け（1グループ、4〜5人）
2　グループディスカッション（50分）
3　グループ発表（15分）
4　実習記録の閲覧・評価（15分）
5　振り返りシートの記入（5分）
6　教員のコメント（5分）

（希望者のみ）個別相談【時間外】

帰校日指導スケジュール（例2）

1　グループ分け（各種別混合）
2　グループディスカッション（50分、その間、教員は記録の添削）
3　グループ発表（15分）
4　グループ内記録の閲覧（2日分、15分）「これなら見せてもいい」「印象に残っている」「よく書けた」など
5　振り返りシートの記入（5分）
6　教員のコメント（5分）

第2部　実習事前学習の基礎　81

第3部

実習事後学習の基礎

40 実習報告書の書き方

1 実習報告書の作成の意義

　実習報告書は、実習後学習の振り返りを踏まえた実習の学びの総まとめとして作成するものである。実習生が自らの実習体験を通して学んだ内容を整理し、文章化して報告書としてまとめ、それを他者に伝えることは、あらためて実習における学びに気づく機会を作ることになる。

　また、実習報告書は、同じときに実習を行った仲間との間で実習成果を共有するものとなるといえるであろう。異なる実習施設で実習を行った他の実習生が、どのような実習体験をしたのかを実習報告書から知ることで、追体験することができる。さらには、これから実習に臨む後輩にとっては、先輩の実習報告書を通して実習に対する具体的なイメージを想起することができるのである。

　一方、実習報告書は、実習担当教員や実習指導者にとって、実習生が実習で何を学んだのか、実習教育の効果や実習指導にあたっての今後の課題を読み取ることができるものでもある。

2 実習報告書の作成方法

　実習報告書は、実習計画の立案から、実習中、実習後の取り組みを含めた総括的な記述をする。しかし、すべての実習体験を記述することはできない。印象深い実習体験を中心に、実習の目標は何だったのか、その過程でどのような考察を得たのか、今後、社会福祉士としての専門性および実践力を高めるためにどのような課題に取り組んでいくべきなのか、などを検討し、そこから得た社会福祉士としての学びを言語化することで、実習報告書が作り上げられる。

　具体的には、実習日誌やその他の実習課題はもちろんのこと、実習中に取ったメモ、記録をくまなく読み直すとともに、実習日誌等にも書き残さなかった記憶や思いについても振り返ってみる。こうして、あらためて実習全体を詳細に振り返るなかで、自分自身の成長も感じることができる。実習当日にはよく理解できなかったこと、実習後に得られた新たな気づきや発見を実習報告書にまとめることで、さらに学びは深まる。

3 実習報告書作成の留意点

　実習報告書は、印刷され冊子となって配付されることで、実習指導者をはじめ、その後様々な人が読み手となり得る。そのため、情報が拡散する可能性も含んでいる。印刷の有無にかかわらず求められることではあるが、個人が特定されることがないか、適切な表現方法が用いられているかなど、個人情報の保護や他者に対する影響への考慮など、倫理的な配慮についても、作成時に慎重に検討することが求められる。

　また、誰が読んでもわかるよう、平易な文章づくりを心がけることや、誤字脱字、文法の誤りがないか、といった点にも留意しなければならない。

◎伝えたいポイント

・実習の学びの言語化
・実習報告書を通して行う実習の追体験

・実習報告書に記述する内容についての倫理的な配慮や正しい日本語の表記

◎実習報告書作成のチェックポイント

○書き手が何を学んだのか、何を考えたのかが伝わるか？（内容について）
・実習において、自らがテーマについて学んだことを示しているか
・上記を分析し、自分の考えを理由とともに述べているか
・感じたこと、印象を述べることは大切だが、自分の考えも述べているか
・疑問に感じたことは、なぜそうなっているのかを考え、自分だったらどうするか、そのためには自分はどのような力を身につける必要があるかなども述べているか
○書き手がどのような順序で考えたのかが伝わるか？（文章の構成と表現）
・はじめにレポートで何を述べるかが明示されているか
・おわりには結論が述べられているか
・1つの段落には1つの話題が述べられ一段落が長すぎないか
・文頭は1字下げられているか
・句読点は適宜用いられているか。一文が長すぎないか
・漢字を多用しすぎていないか
・誤字脱字はないか
○このレポートを紛失した際、それによって個人の情報が第三者に知られないか？（匿名性の確保）
・個人が特定されるような固有名詞を文中に用いていないか（人名、地名、施設名など）
・特定できるイニシャルは使わず、A、B、Cというように機械的に匿名化されているか

◎実習報告書の構成要素と含まれる項目（例）

1　実習先情報（種別、実習施設・実習先の概要、実習期間　など）
2　実習目標（実習テーマ、実習課題　など）
3　実習計画（実習日程、実習プログラム　など）
4　実習内容（実習中に印象に残ったこと、実習を通して印象に残った体験　など）
5　実習達成度（実習で学んだこと、実習課題の達成状況、実習の成果　など）
6　実習の考察（全体的な考察、実習を通して考えたこと　など）
7　今後の課題（明らかになった自分自身の課題、まとめと今後の課題　など）

出典）日本社会福祉士養成校協会編『相談援助実習指導・現場実習教員テキスト　第2版』中央法規出版，139頁を一部改変．

第3部　実習事後学習の基礎　*85*

41 実習期間中の対応（授業欠席時）

1 実習中の緊急事態に備える

　相談援助実習は通常、夏季休業期間（7月下旬〜9月）を利用して行われることが多い。そのため台風などの自然災害の影響を受けやすい。また季節の変わり目に体調を崩すことも少なくない。そうしたなか、実習期間中の緊急事態に備えることも重要な事前準備といえる。例えば、実習当日の朝の時点で、天候（台風等の自然災害）や体調不良等により実習が行えるか否かがわからないような場合には、次のようなことを事前に共通認識として確認しておく必要がある。

　（1）実習先に速やかに電話をして、その指示を仰ぐこと

　（2）その後、決定した内容については、相談援助実習担当教員あるいは実習準備室に必ずEメールか電話で報告すること（学生、教員の共通一斉メール等がある場合には、そこに連絡しておくこと）

　（3）実習先と連絡が取れない場合や判断が難しい場合には、実習準備室、相談援助実習担当教員、学年担当教員、ゼミ担当教員などに連絡し、その指示を仰ぐこと

2 実習期間中における授業欠席への対応

　相談援助実習が夏季休暇期間中に行われれば問題ないが、実習先の都合や調整の結果、9月初旬から下旬にかけて実習が行われることもある。そのような場合、後期の授業の1〜3回分への参加が難しくなる。その際には、図41-1に示したように、「特別欠席申請書」（仮称）などのようなものを、科目担当教員にできれば事前に提出するようにする。仮に、事後報告になった場合でも、未提出よりは心証がよくなるため、必ず提出し、自身の欠席が無断でないことをきちんと証明することが重要である。

3 実習期間中のその他の留意点

　その他、実習中や通勤中は危険がつきものであり、十分に安全面に配慮して行動してほしい。万が一、事故などに遭遇した場合には、まずけが人等の事故の対応を行い、必ず消防（救急車）および警察に連絡を入れるようにする。

　実習先への通勤は、公共交通機関を用いるのが望ましいが、やむを得ず自動車やバイクを使用する場合には、相談援助実習担当教員に申し出るとともに、自賠責保険だけではなく、任意保険にも加入していることを必ず確認してから実習に臨むようにする。

　さらに、通常、各養成校では全学生が入学時などに「学生教育研究災害傷害保険（学研災）」・「学生教育研究賠償責任保険（学研賠）」に加入していることが多い。正課の実習中（実習先と自宅との往復途中を含む）に保険金の対象となる傷害を被ったとき（具体的には、交通事故など）や、他人にけがをさせたり、他人の財物を破壊したりした場合は、保険の対象となることがあるので、必ず実習準備室や相談援助実習担当教員に連絡をして、その指示を仰ぐようにする。

図 41-1　特別欠席申請書の例示

（別紙様式）

特別欠席申請書

（教員名）＿＿＿＿＿＿＿＿様

年　　　月　　　日
学部　　　　　　学科
学籍番号＿＿＿＿＿＿＿＿＿＿＿＿＿＿＿＿
氏　　名＿＿＿＿＿＿＿＿＿＿＿＿＿＿＿＿

　私は、下記の通り、貴教員の授業を欠席します（しました）が、「特別の理由による授業欠席者の取扱いについて（申合せ）」により、お取扱いくださるようお願いいたします。

記

欠席授業 科目名	
授業の日時限	年　　　月　　　日（　　曜日）　　　時限
欠席期間	年　　　月　　　日（　　曜日）～　　　年　　　月　　　日（　　曜日）
該当事由	（1）感染症による出席停止　※医師の診断書等を添付 （2）学生の親族の死去　　　※会葬礼状等の写しを添付 （3）教育実習 （4）看護実習 （5）学校栄養教育実習 （6）企業実習（授業として行われるもの） （7）社会福祉実習（事前実習指導も含む） （8）看護臨地実習（実習名　　　　　　　　　　　　　　） （9）その他の実習（授業として行われるもの、実習名　　　） （10）介護体験等 （11）学会等での発表 （12）文化・スポーツ競技大会参加　※参加証明書類を添付 （13）就職活動　※就職活動内容を示す資料を添付 （14）その他、上記以外の事由で全学教務委員会が認めるもの 　　　（理由　　　　　　　　　　　　　　　　　　　　　）
本申請学生は、上記の欠席事由に該当する者であることを証明します。 　　　　　　　　　　　担当者名＿＿＿＿＿＿＿＿　　㊞	

第 3 部　実習事後学習の基礎　87

42 相談援助実習事後指導のオリエンテーション・実習報告
（気づき、振り返り、印象に残っていることなどを発表）

1 実習を終えた実習生を迎え入れる実習担当教員の基本姿勢

　実習生は、基本的には、病院や施設などの現場で実習をし、必要とされる規定の時間数を満たしていれば、めでたく実習終了となる。

　ここであらためて実習生の歩んできた足跡を振り返ってみると、実習生は、大学入学から約2年半にわたる教室での講義科目と演習科目、実習指導科目をこなし、初めての実習先で、初めて会う実習指導者や実習先の数多くの職員、さらには、固有の様々な背景や困難を抱えるたくさんの利用者とともに、気の抜けない約1ヶ月を過ごしたことになる。

　そのような実習生にとって、実習期間の全日程が終了したという事実に気づく瞬間は、喜びと達成感に満たされる瞬間でもある。実習最終日の実習を終えて帰宅し、「もう明日から、あの実習先に行かなくていいんだ！」と思うだけで、空も飛べるような解放感に満たされる実習生もいることであろう。実習生がこのような感情を抱くことは、決して不思議ではなく、むしろ健全なことである。なぜなら、実習生にとって、実習はそれほどに大きな重圧と度重なる緊張に襲われる場面の連続だからである。

　そのため、実習生を迎える実習担当教員は、まずは、実習生が実習の全日程を終了できたことを手放しで祝福し、実習生の頑張りを全面的に称賛し、実習生と一緒に喜び合うことが大切である。

2 事後指導のオリエンテーションと実習報告の意義

　実習が終了した後の事後指導は、実習生にとって、病院や施設などで過ごした実習の日々をより意味のあるものにするために、欠くことができない重要な時間である。実習前のたくさんの実習書類の作成と準備に始まり、緊張の連続であった約1ヶ月の実習を終えた実習生の多くは、「もうこれで最大の山場を越えた。もう大丈夫！」と考えてしまいがちである。

　しかし、本当に大切な実習指導が、ここから始まるのである。現場実習が終わったということは、実習後の事後指導が始まるということを意味している。実習生は、実習期間中に、実習先の職員や利用者との関わりのなかで、様々な悩みや葛藤を抱え、学校に戻ってくる。もちろん、実習期間中には定期的な巡回指導や帰校日指導を実施しているのであるが、わずか30分から1時間程度の巡回・帰校日指導だけでは、実習生自身からの語りも教員の側からの助言も、どちらも不十分な形で終わっていることがほとんどである。

　そのため、実習生が消化しきれずに抱え込んでいる悩みや葛藤などについて、他の実習先に行った実習生も同席した形で、短時間ながらも口頭で率直に心情を吐露することができる場を設けることは、実習生が各々に抱え込んだ個別の悩みや葛藤をほんの一部だけでも明るみに出すことに繋がり、消化不良で抱え込んでしまっている状態が解消され始めるきっかけとなる。

3 事後指導のオリエンテーションと口頭による実習報告の流れ

　事後指導は半期を通して実施していくため、初日のオリエンテーションでは、実習生が実習を無事に終えたことを祝福しつつ、まずは、半期の授業計画を教員から説明する。

次に、実習報告として、残りの時間を使って実習生全員が一言ずつでも実習の感想などを述べる機会を設ける。人数が多ければ、少人数での実習報告ができるよう4～5人程度の班に分かれるのも一法である。10～20人程度の人数であれば、班に分けずに実習報告を実施することもできるが、その分、1人あたりの持ち時間が少なくなることを考慮し、教員間で相談して判断する必要がある。

　実習生のなかには、まだ実習先から実習記録が返ってきていない者もいるため、個々の記憶やメモ帳などに基づき、口頭で実習報告を行う。授業の残り時間を考慮し、あらかじめ1人あたりの実習報告の時間を決め、教員から実習生に1人あたりの持ち時間を伝えてから始めるようにする。その際、実習報告を実施した実習生にとって、より多くの示唆が得られる機会となるよう、可能な限り、1人あたりの持ち時間のなかに、質疑応答や短めの討議の時間なども含めるように留意する。

4　口頭による実習報告の内容

　口頭による実習報告の内容としては、実習先の名称、実習期間、実習期間中の主な1日の流れ、実習中にもっとも印象に残ったこと、実習中に困ったこと、実習を通して学べたこと、などが挙げられる。教員は、1人あたりの持ち時間を考慮しつつ、教員間で相談しながら、適宜、実習報告の内容を決定し、実習生に事前に伝えるようにする。

　実習生にとっては、このオリエンテーションに出席するまでは、自分が実施した実習のことしか頭にないことがほとんどであり、それをどのように報告・発表したらよいものかと近視眼的に考えている状況である。そのため、オリエンテーションの際に実習生全員で実習報告を行うことにより、自分以外の実習生がどのような実習であったのかを客観的な情報として知ることができ、今後の事後指導の授業のなかで、他の実習生や他の実習先のことをより意識した発表資料の作成が可能になる。

　事後指導の初日となるオリエンテーションの場においては、教員は実習生全員に目をかけ、実習生一人ひとりの頑張りをねぎらいつつ、実習生が抱え込んで帰ってきた悩みや葛藤の一端を全員で共有することが大切である。

◎伝えたいポイント

実習を終えた実習生を迎え入れる実習担当教員の基本姿勢
・実習を終えた実習生は、重圧と緊張の連続であった状況から解放され、最終日には達成感に満たされていることが多い
・教員は、実習生が実習先という初めての環境で初めて会う職員や利用者との実習を無事に終えることができたことを称賛し、共に喜び合おう

事後指導のオリエンテーションと口頭による実習報告の流れと内容
・教員から半期の授業計画を説明した後で、実習生が口頭で実習報告をする機会を設ける
・口頭による実習報告が、実習生の学びと悩みの共有に繋がり、実習生の視野を広める
・実習報告の内容は、実習先の名称、実習期間、実習期間中の主な1日の流れ、実習中に最も印象に残ったこと、実習中に困ったこと、実習を通して学べたこと、などである
・他の実習生や他の実習先の情報を知ることで、より他者を意識した発表資料の作成に繋がる

43 実習事後指導（個別体験の整理）・集団討議による課題整理と意見交換

1 個別体験の整理と集団討議の狙い

　相談援助実習事後指導のオリエンテーションのあとで、口頭による実習報告を実施した。その次にするべき作業は、学生たちが抱え込んで帰ってきた個別固有の体験について、学生たち一人ひとりがゆっくりと時間をかけて整理することである。学生たちは、実習を終えて学校に戻ってきたばかりであり、実習中の自分自身の個人的な体験については、ゆっくりと時間をかけて振り返ることがほとんどできていない状態だからである。

　もちろん、実習先の実習指導者が学生を指導し、実習指導者ならではの深い洞察と豊かな経験から、学生に対して実習期間を通して有益な助言をしてくださったあとである。そのため、学生によっては、自分の実習中の体験について、自分なりにある程度、整理できている場合もある。

　しかし、実習中には、多くの場合、あまりゆっくりと時間をかけて一つの出来事や体験などに焦点をあてて深く内省ができるほどの時間が十分には取れないことがほとんどである。実際、実習中に帰宅したあとには、日々の記録を書くことだけで精一杯で、翌日の実習先への出勤のことを考えるとほとんど余裕がなかったという学生も多い。

　そのため、教員は、事後指導において、実習先から距離を置いた学校というこれまで通りのいつもの風景と環境のなかで、学生たちがゆっくりと腰を据えて実習中の体験について振り返り、自分なりの意味づけをする時間を十分に与える必要がある。

　そして、ゆっくりと時間をかけて文書にした体験について、他の学生たちの前で発表し、クラス全員で集団討議を実施することにより、他の学生たちがその出来事についてどう感じるのか、その出来事について他にどういう対処法が考えられるのか、などの様々な意見や多様な考え方を出し合うのである。

　このような過程を通して、学生たちが抱え込んで帰ってきた悩みや葛藤が一つでも多く解消されることが、個別体験の整理と集団討議の最大の狙いである。

2 個別体験の整理と集団討議の手順

　個別体験の整理と集団討議は、以下の手順で実施することができる。

　(1) 学生による個人作業　実習で「うまくいった体験」や「失敗した体験」「どうすればいいかがわからず困った体験」「そのときにはうまくいったが他にやり方があったかもしれない体験」「みんなに聴きたいこと」「みんなに一緒に考えてほしいこと」などを用紙に書き出す。この個人作業は、授業時間内に記入する時間を設けて書くこともできるが、個々の実習日程をすべて振り返る必要があるため、宿題として各自で作業をさせるのも一法である。

　(2) 個別体験の発表と集団討議　1人の学生が作成した用紙を複写して配付し、体験を一つずつ発表する。学生本人の内省と集団討議による課題整理をより深いものにするため、1回の実習指導の時間の中で、学生による発表は、クラスあたりで1人とし、90分授業のうち、持ち時間80分程度とするのがもっとも望ましい。なぜなら、1人の学生の複数の体験を他の学生がきちんと理解したり、集団討議で的確な意見や感想を述べ合ったりするためには、まとまった十分な時

間が必要とされるからである。1人の学生の固有の体験について集団討議で検討するには、80分でも足りないと感じることも多い。

　ただし、1回の授業時間内における発表者の人数や持ち時間については、実際には、クラスの全体の人数や個別体験の整理に割ける授業時間などを考慮し、担当教員間で検討の上、決定することになる。

　発表後、体験ごとに課題を整理するために、クラス全体で自由に質疑応答と意見交換を実施する。適宜、黒板を活用し、複数挙がる課題や意見などを板書してもよい。

　(3) 教員による総括と助言指導　　学生たちによる集団討議とその過程で挙げられた課題を踏まえ、発表した学生に感想を求める。その後、教員から、同じような状況に遭遇したらどう対応するべきかなどの教訓や望ましい対処法などについて、教員の立場から、発表した学生の性格や長所、短所などを考慮した助言や提案などの指導を実施し、全体の総括をする。

③　集団討議の際の留意点

　こんなことをいったらよくないのではないか、これくらいの意見であればいうまでもないのではないか、などと気になって発言に消極的になってしまうことがあるかもしれないが、学生同士の率直な意見交換の場であるため、思い切って話してみることが大切である。今、そう思って発言をしようと思って迷っていることが、実は他の誰も気づいていない重要な指摘や助言であるかもしれないからである。逆に、万が一、思い切って発言した意見が不適切であると思われる場合には、集団討議を観察している教員が間に割って入って力添えをするので、安心して討議を進めてほしい。

　また、実習における固有の体験について集団で討議し、一定の結論を見出そうとするまたとない機会であることから、司会進行や書記などの役割を学生に任せることも、教育上貴重な経験の場を与えることになる。この際、司会進行や書記などの役割を担当する学生が発言を控えてしまうことがあるため、役割のある学生も集団討議に参加することができるよう、教員が状況を見ながら集団討議への参加を促したり、指名して感想や意見を述べさせたりするなどの配慮も必要である。

◎伝えたいポイント

個別体験の整理と集団討議の狙い

・実習中に整理しきれなかった体験をゆっくりと時間をかけて書き出し、授業内で発表し、集団討議で他の学生と意見交換することで、学生の悩みや葛藤が解消されることを目指す

個別体験の整理と集団討議の手順

・「うまくいった体験」や「失敗した体験」「どうすればいいかがわからず困った体験」「そのときにはうまくいったが他にやり方があったかもしれない体験」「みんなに聴きたいこと」「みんなに一緒に考えてほしいこと」などを用紙に書き出し、発表資料を作成し、発表する

・発表後、課題を整理するために、自由に質疑応答と意見交換を実施する

・発表した学生に感想を求める

・教員から、発表した学生に助言指導し、全体の総括をする

44 実習報告書の添削Ⅰ（個別添削指導）・Ⅱ（グループ学習指導）

1 個別添削指導

　実習報告書の書式や執筆にあたっての方法やルールについては、それぞれの養成校において定められている執筆要領等を確認する。実習生は、一定の様式に基づいて実習報告書を作成したのち、実習指導担当教員に提出し、内容を確認してもらう。

　実習指導担当教員は、次ページのチェックポイント等に沿って個別添削指導を行う。実習報告書のレイアウトは定められた様式が守られているか、誤字脱字がないか、といった基本的なことから、実習生の気づきや学びが深まっているか、実習体験が具体的に言語化されているのかなどについて確認し、その結果を実習生にフィードバックする。

　実習指導担当教員の添削とそれに応じた書き直しが何度も繰り返されることにより、気づきや学びが徐々に深まっていく。実習生は、実習報告書をよりよいものにするべく、教員からの指導には、粘り強くこたえていかなければならない。

　教員から実習生に対して何度か行われるフィードバックでは、時間をかけた個別面談の機会も作りたい。実習生は、自分の思いや気づきはあるものの、必ずしもうまく言語化できていないこともある。実習生がどのような思いで書いたのか、まだ言語化できていないものは何なのかなどを、面談を通して引き出していくことも必要である。

2 グループ学習指導

　実習報告書をよりよくする方法の一つとして、学生同士がグループを構成してピアレビューを行う方法がある。ピアレビューは、実習生がお互いの実習報告書を読み合い、添削、コメントの記入を行うことで、その文章の改善点を見出したり、評価をしたりする方法である。

　ピアレビューは、2人一組または複数人のグループで実習報告書を交換し合って添削やコメントを記入し合う方法や、一つの実習報告書を複数の人が閲覧できる環境を作って、匿名でコメントを書き入れる方法などがある。

　学生によるコメントは、わかりにくい表現や具体性に欠ける記述などに、教員ではなく、共に実習を行った実習生の視点から率直な指摘がなされることが、実習報告書の書き手に新たな気づきを与える。また、執筆者の思いがよく伝わってくる箇所の指摘や、内容に関する素直な感想など、肯定的な評価がコメントに含まれることも必要である。

　ピアレビューを通して、他の実習生の実習報告書を読むという機会を得られることも、それぞれの実習生にとって意義のあることである。自分の視点にはない記述や、他の実習生の優れた文章表現を吸収することで、学ぶ上での視野が広がるといった効果も期待できる。また、他の実習報告書への指摘を通して、自身の実習報告書の再チェックする視点を得ることができる。

　お互いの文章を高め合うといったピアレビューが持つ意義を十分に理解した上で、他実習生の文章の添削や評価を行いたい。

◎伝えたいポイント

・実習担当教員と実習生との協働
・添削にあたっての注意事項
・実習生同士による学び合いの必要性

◎添削する際のチェックポイント

1	情報が正確に記述されているか
2	事実や考察の記述内容に矛盾はないか
3	事実に加えて、その事実への考察、気づき等が十分に記述されているか
4	考察や気づきを、より深めて記述する必要はないか
5	価値・倫理、理論モデルは適切に使用されているか
6	倫理的な配慮（個人情報保護、他者への影響への配慮等）は行われているか
7	引用は適切に行われているか
8	書式は守られているか
9	誤字・脱字はないか
10	語尾（です・ます調、である調）は統一されているか
11	書き言葉で表現されているか
12	主語・述語が明らかにされているか
13	一文の長さは適切か
14	指示語が指し示すものが明確かつ適切か

出典）一般社団法人日本社会福祉士養成校協会編集（2015）『相談援助実習指導・現場実習 教員テキスト［第2版］』中央法規出版.

◎文章全体としてわかりやすくする術

1	無駄な情報を削る
2	一つの段落では一つの話題だけを扱う
3	何について話をするのかを前もって読者に知らせる（見出しをつける）
4	段落の冒頭で、扱う話題または扱う話題と回答を明示する
5	概要を述べてから細部の説明に入る
6	読者が知らないであろうことは説明する
7	重要なことから述べる

出典）酒井聡樹（2011）『100ページの文章術』共立出版をもとに筆者一部改変.

◎一つひとつの文をわかりやすくする術

1	情報を絞って、一つの文では一つのことだけを言う
2	語順：その文の重要な要素を先にする
3	語と語の修飾関係に注意し、不明確なときは語順の原則を損なわない範囲で順序を替えるか、「、」をうつ
4	修飾語と被修飾語を直結させて、係り受けが正しいか確認する
5	言葉のまとまりを捉えにくい部分があったら、「漢字」と「かな」の混ぜ方を工夫する

出典）酒井聡樹（2011）『100ページの文章術』共立出版をもとに筆者一部改変.

45 実習体験を踏まえた相談援助の知識・技術の検討（個人・グループ）

1 実習体験から得られる相談援助の知識・技術

　実習生は、相談援助に関する様々な知識を事前学習や講義科目を通して学んだ上で実習に臨む。実習では、利用者とのコミュニケーションや利用者の家族への支援、他職種との連携、地域への働きかけや地域住民のネットワークの形成など、ソーシャルワークの実際を体験する。実習前に学んだ知識と自らの実習体験とを事後学習においてより深く関連づけることで、相談援助に関する知識を学び直すことにつながる。

　また、相談援助に必要な技術については、演習科目において事例検討やロールプレイ等の経験を通して基本的なものを学ぶ。そうして事前に学んだものを、自ら実習における実際の援助場面において通用するかどうかを試みながら、徐々に獲得していくものである。

　こうして獲得された知識や技術は、机上での学びと実習での学びとが連動した生きた知識・技術であるといえる。事後学習においては、具体的にどのような知識・技術を身につけることができたのかを多様な視点を持って検討することが必要である。

2 講義科目・演習科目との関連を通して

　実習体験をより学びのあるものにするためには、講義科目や演習科目、事前学習を通して学んできた知識・技術と、実習で体験したこととの関連性をより意識しなければならない。

　講義科目で学んだ知識は、整理されていて理解しやすいものの、それだけでは、それぞれの関連性が見出しにくい。また、演習科目における事例検討やロールプレイを通して、クライエントを理解するために必要とされる様々な知識や技術は相互に関連し合っていることを実感することができるが、演習科目では、ある出来事の情報が整理された事例のなかで課題に取り組んでいるため、そこで得られたものを実際の場面に応用することには自ずと限界がある。

　一方、実習では、様々な出来事が生活場面でリアルタイムに展開されている。授業で学んだ事例と同じような場面に遭遇しても、座学で得られた知識が思い出せないことがあったり、リアルタイムで起こる事柄は、授業教材のように情報が整理されていなかったりするかもしれない。しかし、身につけている知識や技術を実際の援助場面で使えることを実感できるはずである。

　実習で体験したことを講義や文献で学んだ理論や知識と関連づけながら、自分の体験がどのような学習的意味合いを含んでいるかを理解し、それをもとにして、ソーシャルワーカーとなる自分自身の今後の課題を整理し、明らかにすることが求められる。

　実習での体験と、講義科目や演習科目で学んだ知識・技術とを関連づけるためには、様々な側面からの実習の振り返りが必要である。教員からの助言・指導や、他の実習施設で実習を行った他の学生との経験の交流を通して、自らの学びを見つめ直すことが不可欠である。

3 相談援助の知識・技術の検討方法──①個別スーパービジョン

　自分の体験を多面的に捉え直すには、自分一人の振り返りだけでは限界がある。そこで、自らの実習体験を振り返る際、教員から個別のスーパービジョンを受けることで、より深い学びへと繋げることができる。教員は、実習生が経験したことを多様な視点から具体的に思い出させ、考

えさせてくれる。そうしたスーパーバイザーである教員と、スーパーバイジーとしての実習生が一対一で行う個別スーパービジョンを通して、実習体験を多面的に捉えながら、具体的にどのような相談援助の知識・技術が得られたかを確認しておきたい。

　個別スーパービジョンを受ける実習生は、教員からの指導や指摘を受け身で待っていてはいけない。自分自身の実習体験を意味づけることができるよう、主体的に取り組む必要がある。

④　相談援助の知識・技術の検討方法──②グループ・ピアスーパービジョン

　スーパーバイザーからのスーパービジョンだけでなく、他の実習生（スーパーバイジー）同士で構成されたグループ内でのやりとりから、より多くのことを気づくことができる可能性がある。また、特定の仲間（ピア）と話し合いながら振り返る方法もある。ピアとは実習クラスのクラスメイトである。そうしたクラスメイトの力を借りることで、自分では、実習中よくできたと思っていることも、本当によかったといえるのか、別の角度から見れば批判的な見方ができるかもしれない、といったことをグループでの話し合いを通して、別の視点を得ながら振り返ることが大切である。

　このように、実習体験を自分一人の体験や学びだけで終わらせるのではなく、グループにおける力動（ダイナミクス）を活用して、それぞれの学びを共有することも、実習の成果を挙げるための有効な手立ての一つであるといえる。

　あわせて、事後指導においては、実習での学びにどのように向き合い、何に気づき、学びを深めるのか、実習における学びを言語化し、他者に伝えることができるようになること、すなわち自らの実践を振り返る力、ソーシャルワークを伝達する力も必要である。

⑤　事例による相談援助の知識・技術の検討

　実習において、個別のケースを直接もしくは間接的に担当し、ソーシャルワークの展開過程に沿って支援計画を立てて支援を展開した経験や、地域研究的に地域特性を理解して、地域課題への企画立案を行った経験を持った場合は、それらの事例を対象として分析、検討を行うことで、ソーシャルワークの知識・技術の学びの振り返りを行うことも有意義である。

　こうした事例研究を通して、実習後も継続して取り組む自己課題を見つけることができる。

◎伝えたいポイント

　・机上での学びと実習体験の結びつけ
　・学びの振り返りに必要な他者からの指導・指摘・助言のあり方
　・実習後の自己課題の見つけ方

46 実習報告会の資料作成に関する説明・実習報告会準備

1 聞き手を具体的にイメージし、話したいポイントをはっきりとさせる

実習報告会は、事前学習から実習、事後学習を経て学んだ成果を整理し、報告する場である。実習生同士が実習において体験・学習した内容を交換して、他の施設での実習内容を知り、学び合う場でもある。

実習報告会でもっとも重要な点は、「誰に聞いてもらいたいのか」「自分たちは何を伝えたいのか」を具体的にすることである。実習報告会の参加者は、共に実習を行った仲間、実習担当教員や職員、実習指導者をはじめとした実習施設の職員、そして次年度以降に実習を行う予定の後輩学生である。

実習生は、こうした聞き手に対して「聞きやすさ」にこだわって準備することが大切である。話したいポイントを2～3点に絞った上で、どのような順番で話せばよいのかをしっかり検討して、発表にメリハリをつけることを心がけたい。

また、配付資料やプレゼンテーションには工夫を加えたい。学校によって違いはあるが、スピーチに加えてパワーポイントやスライド、その他資料を用いた報告を行う際には、準備するものが「何を伝えたいのか」を明確にすることに役立っているのかを十分に検証した上で、プレゼンテーションを行うべきである。

2 発表準備の過程

発表の準備は、次ページのような過程を経て行うのが一般的である。

まず、発表内容の組み立てを行う。伝えたい結論をどこで述べるのか、聞き手の理解を促すための具体的な事例をどのように組み入れるのかなど、聞き手に伝えようとする内容を検討し、発表の大まかな流れを組み立てる。

次に、発表資料等、発表内容をよりわかりやすく伝えるための視覚効果について検討する。パワーポイントなどの活用や配付資料の準備など、どのような方法を取れば、聞き手の理解を助けることができるのかについて、入念に検討を加える。

こうした準備が整ったら、当日の発表と同じようにスピーチ、プレゼンテーションの予行演習を行ってみる。内容が充実していても発表時間が守られていなければ意味がない。また、発表内容と準備した資料の内容にずれが生じていないかなどの再チェックも必要であろう。加えて、想定される質問を事前に考え、それに答えられるように準備をしておくことも大切である。

3 効果的なプレゼンテーションに向けて

実習報告会の形態は、学校によって様々である。実習生が各自の学びについてそれぞれ報告する方法や、複数の実習生がグループとなってそれぞれの体験を振り返りながらスーパービジョンを受けたり、意見交換を行ったりするなかで共有した気づきや学びについて報告する方法がある。

プレゼンテーションは、それぞれの学校の報告会の形態に合わせて行うが、1人あたりの発表時間や準備するものなど、基本的事項を確認した上での入念な準備が必要である。

視覚効果を高めるために、パワーポイントやスライド、模造紙やパネルなどの視聴覚機材を準

備することもあるだろう。画面に文字を挿入する場合は、短い時間で読み取れる程度の文字量にすることや、挿入する図や写真には短くてわかりやすく解説を加えるなど、常に聞き手のわかりやすさを念頭に準備することが求められる。視聴覚機材を用いる場合は、スピーチのどの部分で画面を変えるのかといったタイミングを原稿に書き込んでおく準備も必要である。

　特に、スピーチの練習は念入りに行いたい。読み原稿を準備するのも一つの方法である。原稿は、大きめの字で広めの行間にする、原稿を段落ごとにカードにするといった工夫もある。スピーチの練習の際は、聞き手として想定した人に協力してもらうとよいだろう。必ず一度は人に聞いてもらい、声の大きさや話すスピードについての自分の話し方のクセや特徴について指摘を受けるほか、発表の際の表情や身振り手振りなどのボディランゲージについても指摘してもらうことが必要である。読み原稿を準備していても、決して棒読みにならないようにしなければならないし、原稿にばかり目を向けるのではなく、しっかりと顔を上げてスピーチできるよう練習したい。また、準備段階において読み原稿を読み込んでいくなかで、自分らしい言葉遣いに変えていくことも必要である。

◎伝えたいポイント

- 発表の対象・発表の内容の明確化
- 聞き手にわかりやすいプレゼンテーションの方法
- 入念な事前準備の必要性
- 視覚効果のための工夫

◎発表準備から当日の発表までの流れ

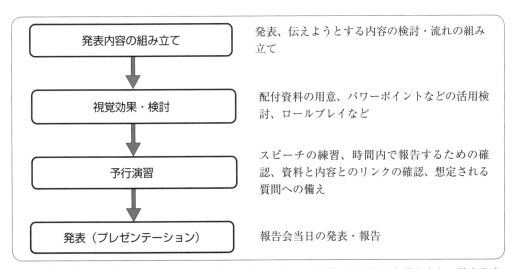

出典）米本秀仁・久能由弥編著（2014）『相談援助実習・実習指導　第2版』久美をもとに筆者作成．

47 相談援助実習のまとめ（学習の課題整理）・相談援助の知識および技術の確認（まとめ）

1 実習の総まとめとして

　実習体験は、特定の施設・機関における、いわばスペシフィックな実習体験であった。しかし、将来はソーシャルワーカーとしてどのような実践場面においても対応できるような、ジェネラリスト・ソーシャルワーカーとしての知識や技術が求められる。

　それぞれの実習生は、実習において得られた自分の限られた経験だけがソーシャルワークと考えてはいけない。様々な分野・領域に共通する普遍的なソーシャルワークを身につけていかなければならない。

　事後学習を通して、スペシフィックな実習体験をどの分野・領域にも共通な、ジェネリックな学びへと変換していかなければならない。そして、実習教育全般の経験から導き出されるソーシャルワーカーとしての自己のイメージを抱きながら、学びの総まとめを行いたい。

2 自分の価値観・考え方を再確認する

　実習体験のなかで起きた多くの事柄を振り返ると、「どうしてそのような行動をとったのか」「なぜそのように考えたのか」など、その原因や理由がよくわからないこともあるだろう。また、実習中に複数の考え方の板挟みになってしまい、そのときにくだした判断について後になって後悔したり、悩んだりすることがあるだろう。

　そのとき、自分は何を考え、何を大切にして行動したのか、何と何の間で気持ちが揺れ動いたのかを、実習指導者からの指導や他の実習生とのグループワークのなかで、様々な角度から掘り下げてみることが必要である。

　こうした振り返りを通して、あらためて自分が持っている価値観、考え方を確認するとともに、今後、自分自身が現場に出たときに、専門職として最善の判断をするためには何が大切であるのかを考えてほしい。

　実習学習のまとめでは、今一度自分を客観的に見つめ直し、今まで気づいていなかった自分に向き合ってもらいたい。

3 失敗経験を活かす

　実習体験のなかで、利用者との関わりや地域との関わりにおいて、「うまくできなかったこと」として思い出されることが必ず一つはあるだろう。そこで、あらためて考えてみたい。「うまくできなかった」ことは、自分自身にとって"失敗"だろうか。

　実習では、その過程でうまくできなかったと思うことは多い。事後学習において、その場面を思い出して、あらためて気を落としてしまうこともあるかもしれない。しかし、「なぜ、うまくいかなかったのか」という原因を考え、後に同様の状況に遭遇したときにどうすればよいのかをしっかりと検討することの方が大切である。しっかりとした反省や検証がなされれば、その出来事は"失敗"ではなく、むしろ"成長"への大きなきっかけになるかもしれない。

　ソーシャルワーカーとしての成長の過程では、誰しもうまくいかなかったことを経験するものである。相談援助のスキルを身につけるためには、そうした経験も必要である。

4 自分自身の変化や成長に気づく

　あなたは、実習を通してどのような力がついたのだろうか。事後学習でもっとも大切なことの一つは、実習前に学んでいた相談援助の知識・技術を、実習体験を踏まえて様々な角度から分析し直すことで、実習前と実習後の自分自身の変化や成長にあらためて気づくことである。

　実習終了後、実習記録を読み返しながら、一つひとつのエピソードをていねいに深く考えると、どうしても「○○ができた」「××ができなかった」というふうに、できたことやできなかったことに一喜一憂してしまいがちである。しかし、「どのような利用者と関わることができたか」「どのような利用者と円滑にコミュニケーションがとれなかったか」というように、利用者の個別性を視野に入れて振り返ることも重要であろう。また、そのときはうまくいかなかったと思えることでも、時間の経過により客観的な見方ができるようになったことで、適切だったと思い直すことができるものもあるだろう。さらには、事後学習において、相談援助の知識や技術についての学びがより深められたことで、あらためて思い直すことができることも少なくない。

　ソーシャルワーカーは、学び続けることが必要である。実習学習の終了は、いわばその自己研鑽のスタートラインに立ったようなものである。専門職としての自分自身の姿を思い描いてみながら、自分自身の今後の自己課題について考えてほしい。

5 実習テーマ・達成課題を振り返る──何を学べたのか・何を学べなかったのか

　実習学習の最後に、実習前にかかげたテーマや課題をあらためて振り返ってみる。設定した目標に対して、どの程度達成できたのか、実習を通して何を学んだのかをその理由を含めて具体的に振り返る。その結果、うまくいったと思えるものとそうとはいえないものが出てくるだろう。

　実習前のテーマや課題は、途中で変更することもあるかもしれない。それは、自分自身の相談援助に関わる知識の不足や技術のつたなさが原因であるかもしれない。また、実習指導者からの助言や指導をもとに、見直しが必要になったかもしれない。

　こうしたテーマや課題に照らした振り返りは、達成できたかどうかだけではなく、むしろ、どのような計画を立てて実践しようとしたのか、といった一連のプロセス全体をきちんと振り返ることの方が大切である。必ずしも、課題を完全に達成させることだけを目標にするのではなく、ゴールに対して現在どの位置にいるのか、といったことを確認しておきたい。

　今後、専門職を目指すにあたり、今回の実習において未達成であった部分をしっかりと理解し、将来に向けての自己課題を解決するための具体的な方法を見つけ出すことが大切である。

◎伝えたいポイント

- ・特定の実習体験からソーシャルワーク全般に通底する知識・技術を導き出すこと
- ・あらためて自分自身を見つめ直すことの重要性
- ・振り返りをより深くするための多面的な視点
- ・自分自身の成長・変化へ気づき
- ・今後の自己課題の検討

48 実習報告会（発表、参加）

1 実習報告会の目的と準備の方法

　実習報告会は実習の成果を報告する場である。報告の場には実習指導者や下級生なども参加し、報告された成果について質疑応答を行いながら共有していく。それにより報告をした実習生はさらに学びが深まる。

　実習報告会の準備を行う際、学生は参加者の背景を理解しながら、どんなテーマで、どんな内容を報告するかをまとめ、与えられた時間のなかで報告できるように仕上げていく。報告の方法にはグループで行う方法と個人で行う方法がある。実習報告書を実習報告会の前には書き終えている養成校が多いと思うので、実習報告書でまずは個人の振り返り等を行い、個人の学びを整理した上でグループディスカッションを行うと、話し合いに深まりが出る。

　グループで発表を行う場合には、それぞれの学生が実習でどんなことを学んだかを語り合い、共通するテーマを導き出すといった方法もある。その場合には、KJ法などを活用するとよい。KJ法などを活用しながら、個々の学生が実習で感じたこと等を自由にグループディスカッションし、実習体験の振り返りを行うなかで報告のテーマや内容を決めていこう。グループの人数は5名から6名程度で、グループのリーダーになる学生は、必ず全員が発言し作業に参加できるよう工夫する。個人でまとめる場合には、実習報告書で振り返り事例研究をした成果を報告することになる。いずれにしても限られた時間のなかで有意義な報告となるよう繰り返し練習をし、加筆修正を重ね、実習報告会の当日を迎える。

　実習の成果は、いうまでもなく実習中に得られた学びだけを指すのではない。例えば実習前は気づかなかった障害者に対する偏見に気づき、利用者との関わりのなかで一人の人として関わることを実感したこと、児童養護施設の子どもたちと関わるなかで、子どもの抱える課題の大きさを知り、自分の無力さに苛まれ、自分は専門職には向いていないのではないかと感じたことなど、うまくいかなかった体験も実習の成果となる。失敗だと感じている体験を成果にするには、実習指導者や実習担当教員から受けるスーパービジョンを活用することや、仲間の力によって気づくピアスーパービジョンが重要である。実習指導者や実習担当教員からスーパービジョンを受けるなかで、体験を語り、理論的に整理し、専門職として体験を捉え直すプロセスを経て学びとなる。分野の異なる実習先に出向いた仲間と体験を語るなかで、自分だけの体験だと思っていたことが、仲間も同じような体験をしていることに気づくことも少なくない。直接的な実習の体験だけでなく、同じ体験をした仲間が力になることや、支えてくれる実習指導者や実習担当教員の存在を知り、当事者活動の意義を身近に感じたり、見捨てられないという思いが前向きな取り組みに影響を与えることを実感できるだろう。実習の成果を狭く捉えず、実習を通じて感じた思いや体験等をすべて教材として活用することで、深みのある報告になる。

　報告をするにあたっては、手元資料としてレジュメを配付したり、パワーポイントを使用する等綿密に準備をし、限られた時間で効果的な報告ができるようにしよう。原稿を読まずに説明できるようにすることはいうに及ばず、質問に対しても回答できるよう、想定される質問について

準備することも忘れてはならない。

2 実習報告会への参加

　下級生にとって実習報告会への参加は、上級生の実習での学びをリアルに学ぶことができる貴重な機会である。上級生の報告が下級生に理解しやすいものであれば、感想は報告の中身に関するものが多く聞かれ、単調な報告の場合には報告の中身よりも、質問を実習指導者と実習担当教員しかしなかったことや時間の長い短いなどの感想となる。実習担当教員は上級生の報告内容の充実とともに、下級生自身が興味関心を整理し、実習報告会に積極的に参加できるよう準備をし、主体的に参加できるために指導する必要がある。

　下級生は、自分にはどんな情報が必要かを理解せず報告を聞くと、質問も見出せず聞きっぱなしになってしまう。実習では多様な情報に囲まれるため、そのなかで支援にとって必要な情報を取捨選択する力が必要になる。実習報告会ではたくさんの報告がなされるが、そのなかで自分にとって必要なテーマにたどり着き、実習の事前学習に活かせる情報を取捨選択できる力を養う機会にもなる。実習報告会で得られた情報は必ず記録し、それを事前学習に活かしていこう。

◎伝えたいポイント

- ・実習報告会参加者のプロフィール（参加者の顔ぶれや経験や知識の程度等）を把握し、報告内容を工夫しよう
- ・グループディスカッションの際には、リーダー役の学生は、グループメンバー全員が話し合いに参加し役割が果たせるよう配慮しよう
- ・実習報告者は決められた時間のなかで、参加者と報告内容を共有できるよう練習し臨もう
- ・実習報告会に参加する下級生は、参加の前にまずは自分の実習への目的を確認し、どんなことを学びたいかについて明確にしよう
- ・実習報告会での学びを自分の実習に活かせるようにグループディスカッションで深めよう

◎実習報告会を聞くポイントシート

学部　　　学科　　　専攻/コース	学籍番号　　　　　氏名
実習報告会への参加の動機	
実習報告会で理解したいこと	疑問や確認したいこと
印象に残った報告	自分の実習に活かせること

49 実習評価票の活用

1 実習評価票の活用の意義

　実習評価票は文字通り、実習中の取り組みに対する評価である。実習評価票への最終的な評価の記載は実習指導者が行うが、その際には指導に加わったスタッフからも情報を多面的に収集し評価の参考にしよう。評価を行う上での限界、例えば実習は限られた期間であること、実習指導者が必ずしも実習指導経験に富んでいるわけではないこと、実習生と実習指導者の関係性が成熟する前に実習が終了することなどを加味し、できるだけ広い視野の評価活動が望まれる。学生が実習評価について疑義がある場合には、実習指導者に問い合わせをすることもできるが、まずは実習評価票のどの部分に疑義があるのか、実習担当教員に話を聞いてもらい、思いを整理しよう。

　実習担当教員が実習評価票を活用し振り返りを行う際、社会福祉士としての実践力が身についたかという点とともに、学生自身のコミュニケーション力や人間としての成長発達についても言語化し、学生個々にフィードバックすることが重要である。学生は自分の成長をなかなか実感できず、足りないところに目が向きがちである。学生が実習での経験を活かし、さらに成長発達するために、実習担当教員は実習評価票を活用しながら、具体的に成長したと感じている箇所を言語化し、伝えることが重要である。

2 自己評価の必要性

　自己評価とは、学生が自己の実習を振り返り、評価項目を参照してその達成度合いを確認することを指す。自己評価は、単に評価項目に関する達成度合いを確認するだけではなく、自己評価結果を活用し、学生自身が自分の成長と課題を確認することが目的となる。自己評価活動はともすると、結果の良し悪しにばかり目がいくが、限られた期間の取組みについてどのような成長があったのかを知ることが重要である。自己評価を行う際には、具体的にどのように成長したのかについてその根拠を書き出してみよう。例えば、職場実習ではできなかったことが、ソーシャルワーク実習ではできるようになったことや、習慣化されたことなど、成長とは捉えていなかったことに気づくことも重要である。また学生間でグループディスカッションを行い、実習前の目標がどのように達成されたか、残された課題は何か、実習においてどんな場面が自分の成長を促したのかなど、結果ではなくプロセスについて話し合うと、自己の成長に関する理解が深まるきっかけが得られる。

　自己評価は必ずしも他者評価（実習指導者や実習担当教員の評価）とは一致しない。実習担当教員は自己評価と他者評価がなぜ一致しないのか、自己評価と他者評価の違いなどについても理解が深まるように指導する必要がある。実習指導者が行う他者評価は、連絡・報告・相談などの社会人として基本的な行動から、専門職としての立ち居振る舞いや言動、現場で求められる専門職としての実践力まで幅広い評価項目に照らして、24日間という限られた期間での取組みに対して行われる評価である。実習担当教員の評価は、実習中の取組みのみならず、事前学習、事後学習までを加味し、個々の学生の学びや成長発達した点など総合的な視点から行われることになる。実習指導者からの情報や、学生が実習報告書を作成する過程で語った事例への取組み等も含めて、

多面的に評価することが多い。実習担当教員や実習指導者は、学生の自己評価から、学生が実習の成果をどう捉えているのかを把握することができる。実習が終了し、返送された実習評価票をもとに、実習担当教員は個別面談を行う。実習評価票における評価の捉え方や結果をどう読み解くかを指導し、学生自身が自分の成長をどのように理解しているか、残された課題を事後学習でどう学ぶのかを整理することが求められる。

③ 実習評価票を実習巡回指導や個別面談で活用する際の留意点

　実習評価票は、最終的な評価が出てから活用するだけではない。例えば実習担当教員は実習の中盤に実習指導者からの他者評価と学生の自己評価を用い、中盤までの実習の取組みについて確認し、残されている課題について整理すること、具体的にどのように取り組むかを話し合う素材にすることもできる。実習巡回指導の際に実習評価票を活かしながら話し合う機会を作ると、現時点での実習目標に対する達成度合いや、残された日数で取り組むべき課題などについて確認できる。このような実習評価票の使い方をすると、学生は本来の意味での評価やその活用方法を理解することができる。実習の評価は達成度合いの目安であるので、実習中盤の達成度合い、終盤に向けて取り組むべき課題、実習プログラムの修正の必要性、帰校日に図書館などでの調べ直しの必要性を見直すことに活用できる。評価を気にして主体的な取組みができないことにならないよう、学生には評価の意義について繰り返し確認し、自己の成長を図るツールとしても活用してもらいたい。

　個別面談では実習指導者が記載した実習評価票に関して、学生から、様々な不満や納得できない点、実習施設側の実習指導体制に対する意見や要望が述べられることがある。個別面談は実習担当教員と学生がじっくり話し合う時間が取れるため、評価に関する学生の率直な思いを受け入れ、実習評価で得られた結果を事後学習にどのように活かすのかを検討しよう。個別面談の際には、学生は、実習記録や実習中に作成したレポート、配付された資料等を手元に置いて、実習中の取組みを思い出せるようにする。記録に記載されていることがすべてではないため、実習中の取組みを思い出し、心に残っている思いや腑に落ちないことなども、率直に語ろう。実習評価票に示された結果が必ずしも自己評価とは一致しない場合にも、実習担当教員と実習の取組み全体を振り返るなかで、評価項目に沿って努力した様子を説明し、社会福祉士として求められる水準に達するために、事後学習やボランティア等でどう補っていくかを検討する。

◎伝えたいポイント

- ・学生は実習評価票の結果に一喜一憂しない
- ・学生は評価項目をていねいに見直し、自分の成長と発達の程度を把握しよう
- ・学生が自己評価を記載する際には、実習記録や実習中に作成したレポート等を参照しながら、具体的な根拠も含めて書くようにしよう
- ・個別面談は実習評価票について実習担当教員と学生が率直に話し合えるので、学生は実習で得られた成果や残された課題についてどのように理解しているかを伝えよう
- ・学生は他者評価と自己評価が一致しないことの意味を理解し、実習中の取組みのうち求められている水準に達している部分はどこか、残された課題について整理し、その後の事後学習に臨もう

50　実習連絡協議会への参加

1　実習連絡協議会の意味

　実習連絡協議会は、通常、実習事前学習、実習（巡回指導を含む）、実習事後学習、実習報告会などを終えたあとに、年度の総括として実施されるものである。実習とは、実習先（施設、機関など）、養成校、実習生の三者により成り立ち、原則24日間（180時間）という限定的なひとときである。加えて、実習生が今後ソーシャルワーカーとして歩んでいく際の課題発見をする好機となる場合もある。反面、三者各々の立場や状況は多種多様であり、実習指導がスムーズに行われるケースもあれば、実習先の決定すら困難をきわめるケースもある。その背景には、多忙な日常業務のなかに、実習生指導というプログラムを組み込んでくださる実習先の多大な理解があることを忘れてはならない。

　実習先と養成校との連絡・調整は、書類のやりとり、電話による事前連絡、実習巡回指導時など、いくつかある。しかし、これらは書面上での確認や限られた時間内での対話が多いため、細微に至るまでの情報交換・意見交換がしにくいことは否めない。あるいは、わざわざ連絡するほどのことでもないとか、直接対面でないといいにくいというように、微細な事柄を共有できない状態が続くこともある。次年度のよりよい実習のために、そしてそれがひいては将来の社会福祉実践の担い手の育成に繋がることを踏まえ、こうした素朴な課題や率直な意見を共有する場こそが実習連絡協議会である。近年では、実習先からの参加者も増え、貴重な意見・見解が出されており、今後、相互理解・連携・協働のために大きな役割を果たすことが期待される。

2　実習連絡協議会での協議内容

　実際には、実習連絡協議会ではどのようなことが協議されているのか。次頁にその主な流れや確認事項を示した。「実習の概要説明（代表学生による報告を含む）」と「種別ごとの懇談会」の2つに大別される。とりわけ、後者の「種別ごとの懇談会」は小グループ内で忌憚のない意見を共有できるため、特に重要である。事務手続き、事前・事後学習、問題点、実習記録、評価、要望、学生への期待などを論点としたディスカッションを行い、情報共有・相互理解を深めたい。ここでは、実習先からの幅広く多様な意見を収集し、真摯に受け止め、今後の実習指導に反映させることがポイントである。そのため、協議後、結果をまとめ、教授会や実習委員会等で共有が図れるように工夫しなければならない。普段からお互いが感謝の気持ちを持ち、「顔が見える関係性」を作っておくことが、問題発生予防や課題への早期介入にとって有効となる。

3　よりよい実習指導の構築に向けて

　実習生が実習に臨むに際し、具体的に何を準備し、どのように行動すべきか。確認しておきたい内容や具体的手順などについて、実習先と養成校が相互確認をすることは、今後のよりよい実習指導、実習生受け入れに際し、有効な手がかりとなる。一方、実習生には、実習目的の明確化のほか、学ぶ姿勢や謙虚さなど、社会人としての一般常識、社会人マナーが求められる。

◎伝えたいポイント（種別ごとの懇談会時に確認すべきこと）

今年度の実習に関して
・事務手続きについて
・大学における事前学習・事後学習について
・実習の内容（実習中の問題点を含む）について
・実習記録（実習日誌）の取扱いについて
・評価基準・方法について

次年度の実習に向けて
・実習教育に対する要望
・学生に求めること
・その他

◎実習連絡協議会の主な流れと配置

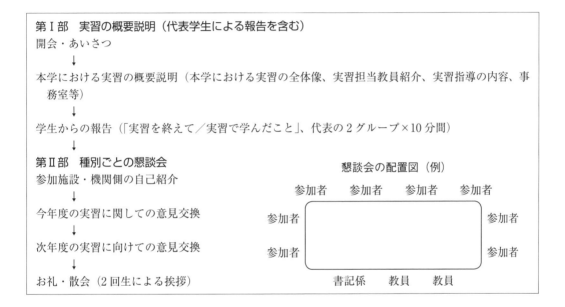

◎実習教育におけるスーパービジョンの重層化

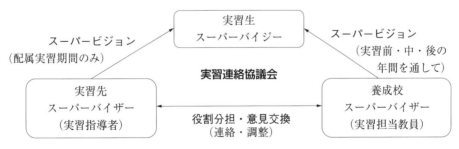

出典）兵庫県社会福祉士会監修（2011：102）の図5-4を参照し、筆者改変。

◎ステップアップ

兵庫県社会福祉士会監修、高間満・相澤譲治編著（2011）『ソーシャルワーク実習―養成校と実習先との連携のために―』久美.

第 4 部

よりよい実習にするためのコツ

51 評価ばかりが気になる学生への対応

Answer 　学生が気にする評価とはどのようなものだろうか。「友人と比べて、実習がきちんと進んでいるだろうか」「実習先の方からどう思われているのだろうか」といったところか。ここで使われる評価とは、周囲から注がれる「眼差し」であり、本来評価のもたらす意味とは異なっているだろう。ここでは一歩進めて、評価が本来持つ意味について考えてみたい。

　評価とは、英語では evaluation とか assessment といわれるが、その役割は大きく「総括的評価」と「形成的評価」に分かれる。総括的評価は事後の結果に対して評価し、形成的評価は実習のプロセスで、その改善を主な目的に進められる。総括的評価も、形成的評価も、実践の向上を支えるために行われるものなので、本来はその評価結果を気にしすぎて縮こまってしまうよりも、むしろ評価のプロセスを上手に活用しながら、自身の成長に生かしていくという積極性が必要である。

　ところで、皆さんの評価のイメージは直線的なものだろうか？　それとも評価とそれをもとにした振り返りが円を描き、らせん状に進んでいくものだろうか。評価結果ばかり気になってしまう学生は、ぜひ評価プロセスをらせん状のイメージで捉えてほしい。つまり評価とは、目指すべき目標に対する到達度をはかるだけではない。なされた評価をどのように解釈し、意味づけるかという成長の基盤として、リフレクション（振り返り）のプロセスに位置づけられるべきである。

　図51-1では、評価のらせん状のイメージについて示したが、この図から評価が実践全体を価値づけているのではなく、実践の一部として評価とリフレクションが一体化して、実践が展開していくものだと理解していただけると思う。

　この本を読んでいる学生の皆さんには、どうか評価の結果に一喜一憂するのではなく、自身の成長、実践の向上を支えるプロセスとして評価に向き合うことを期待したい。

図51-1　評価とリフレクションのらせん的展開

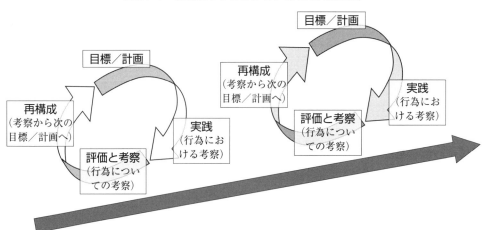

出典）筆者作成。

52 「無事に終えたい」「楽しかった」という学生への対応

Answer 　実習を控えた学生の立場に立つと、「無事に終えたい」という本音も理解できる。遅刻や欠勤もせずに実習を全うすること、実習先や当事者とのコミュニケーションや関係を円滑に進めて、実習をやり遂げることも目標の一つだと思われる。しかしながら「無事に終わる」ことが目標になってしまっているとしたら、それについては考えを改める必要があるともいえる。また、実習において表面的な楽しさだけを求めているとしたら、実習経験を深め、社会福祉専門職として成長することも期待したい。

　社会福祉実習は、「職場実習」「職種実習」「ソーシャルワーク実習」で構成され、展開されることとなる。職場実習では社会福祉士が所属する施設・機関の概要や地域の状況、他職種の職務内容について学ぶ。職種実習では「社会福祉士が職場において、どのような役割を持ち、どのように仕事をしているか理解をする」。そして、ソーシャルワーク実習では、ニーズ把握からアセスメント、個別援助計画の作成、多職種・多機関との連携、モニタリング、評価等、社会福祉士が利用者の抱える課題を解決するためにどのようにソーシャルワークを展開しているかを学び、経験することを目的としている。これら多岐にわたる複雑な内容すべてを経験し考察を深めることは、実際のところ実習時間では難しいこともあるだろう。日々の実習をこなすことに精一杯になり、日々が過ぎていくと感じることもあるだろう。しかし実践から離れて、自身の実践やその思考過程、状況の理解について、ふり返り意味づけるということが、実習の深まりとなることを強調したい。

　失敗を恐れる学生にとっては、想像しづらいことかもしれないが、実習においてはつまずきや困難さを経験することにこそ価値がある。逆をいえば、何も問題を起こさずに、わかったふりだけをして、スムーズに終えてしまっては、薄い実習になってしまう。

　「無事に終わりたい」「楽しく終わりたい」と思っている学生も、「厚い実習」を目指してほしい。厚い実習とは苦労が伴うものである。例えば、当事者との面談を控えて、前日遅くまで悩むこと、そして緊張しながら面接に臨むこと、計画通り面接が進まずに振り返ったり、今後の修正点を探したり、などのプロセスを経るかもしれない。この経験自体が学生にとって、今後専門職として複雑な状況に対応していく力を養うのである。

　社会福祉の現場でソーシャルワーカーは、制度の狭間から生じる矛盾、支援計画通りには進まない状況への対応など、複雑・不確実な現実のなかにおかれるのが通常である。こうした状況のなかで、当事者と対話しながら支援のあり方を探るという深い楽しみを学生にはぜひ見出してもらいたい。

　このように書いてきたが、もし実習が楽しい経験であったならば、それは将来ソーシャルワーカーとして成長し、キャリアを形成する大切な基盤となるとも考えられる。学生時代に当事者として出会い、ともに過ごすこと、関わることが楽しいという経験が原点になり、ソーシャルワーカーになり、現在でも活躍している人は多く存在している。おしなべて、肩の力を抜いて楽しんでいる人の方が、持続するとともに、当事者とよい関係が作れるという事実もあろうかと思う。できれば苦労を楽しみに転換できれば、なおよいだろう。

53 学生ができないときに「教えてもらっていない」ということについて

Answer　　相談援助実習において巡回指導は、学内の指導に比べ学生の成長を実感できるよい機会である。しかし、養成校の実習担当教員として綿密な準備指導を終え、学生を実習現場へ送り出した期待が裏切られる難題に遭遇することもある。

　具体的な例としてケアワーク実践の習得の有無が挙げられる。巡回指導のため施設・機関を訪れた際、学生から「ケアワークは実習では学ばなくてよいといわれています」等の返答があるとの苦情、報告を実習指導者より受けることがある。実際、相談援助実習においては介護、ケアに関する支援、援助等の実践はカリキュラムに含まれてはいない。しかしながら、利用者を理解するため簡単なケアワークを位置づけている施設もあるので、一概に施設・機関側を非難することはできない。つまり養成課程における相談援助実習の位置づけは、養成校教育で教授された援助理論を「活かせる技能、使える技術」に転換させる過程、すなわち「座学」を「実学」として体感させる側面もあり、アセスメントに必要な初歩的な介護等の実践も必要とされる。このようなケースでは、養成校側の準備教育の補完も認めざるを得ないと同時に、事前に実習施設・機関側とソーシャルワーク教育における実習課題と到達点の確認を行ったかどうかがポイントであるといえよう。なぜならば、事前の連携として養成校における指定科目である各相談援助技術論、相談援助技術演習またはその他の科目の整合性、内容を明確化し、かつ実習開始までの授業内容の進捗状況を三者（養成校、学生、実習施設）で共有していたかどうか、ということに尽きるからである。そのためにも各科目が独立した科目ではなく、一貫性を持った内容として現場と連動していたか、ソーシャルワーカーとして必要な専門的学びが網羅され、知識、技術を統合化するための重要な指針が示されていたかを、三者でしっかりと確認することが重要となるのである。

　次いで学生に問題があるケースの場合では、まずその問題となった言動のシチュエーションおよび背景をしっかりと把握、理解することが大切である。その状況が過程におけるジレンマから表出されたものなのか、もしくは単なる学生の能力不足から発生した問題なのかを明確に知ることが必要であろう。前者の場合、多面的なスーパービジョンの実施により、学生が提示した問題を自らフィードバック、言語化し、ジレンマを解消して、その後の継続的な学習への意欲奮起に繋げることも可能である。そして後者の場合は、完全に知識不足が原因であるため、授業内での学習効果、習得状況の分析をしっかりと行い、後の教授方法の工夫により、問題を未然に防ぐことも可能と考えられる。リアクションペーパー等の内容が学びの効果測定としてのヒントを与えてくれる場合等が該当する。また知識の習得はできてはいるものの、その知識を応用力に転換できずにいる学生に対しては、ロールプレイ等による知識の再確認が必要と推察できるため、注意深く問題タイプの見極めを行うことを必要とする。いずれにしても、学生の発言や様子、実習指導者からのクレーム等については、実習担当教員として慎重かつ迅速な対応が求められ、問題状況が実習の継続、進行を妨げると判断された場合は、やむを得ない一時的な実習の中断も視野に入れた再指導等の検討が必要となろう。

54 無気力な学生への対応

Answer　　学外実習は、学生にとって自身の持つ専門知識および能力が試される機会でもある。学生のなかには、順調に実習をこなす者や実習への意気込みが強すぎて空回りする者もいれば、まったくやる気のない学生等もいる。そして、そのような学生に対して養成校の教員の役割は、事前指導、もしくは実習中に行う実習巡回指導で学生への動機づけをいかに的確に行い、喚起させて実習に臨ませるかにかかっている。特に実習に対してまったく意欲を示さない学生の対応に関しては、なぜその学生の動機が低いのか等の様々な要因を多面的に分析し、速やかに指導を行うことが重要である。なぜならば、実習生の意識および行動は現場の実習指導者、養成校の教員だけにとどまらず、施設および機関の利用者への影響も考慮されなければならないからである。そのためにも、まずは実習前の指導としてその実習意欲のレベルを確認することが必要である。

　一般的に動機の低い学生の多くは、ソーシャルワークのイメージが不明確なまま、実習がスタートしている場合が考えられる。その対応として、状況を踏まえ個別に指導を行う。または同様の問題もしくは悩みを抱えている学生に対し能力別のグループ化を行い、課題とする社会福祉専門職の業務、価値観の「見える化」等、具体的な事例を教材とした指導案を工夫することも効果的である。そして実習の振り分けに関しても、同じ能力レベルでの実習グループの構成もしくは親しい者同士の割り当てを考えることも一案となろう。

　また、無気力な学生のなかには、単に国家試験の受験資格だけを目的とする者もいる可能性があり、将来的な展望への曖昧さを表出している場合がある。しかし、このような学生については、実習が進むにつれ、その学生なりに方向性を見出し実習意欲を取り戻す者もいるため、一概に実習が将来のソーシャルワーク実践を目的として位置づけられているという狭義の意味づけではなく、受験資格取得のみという価値観を否定することなく、広義の指導を行うことも重要である。一方、実習に臨むに足りる知識、能力を兼ね備えている学生ですら、自身に見合った目標以下のレベル設定を行い、実習に臨むケースもある。言い方を変えれば、低いレベル設定で実習を楽にこなそうとする例である。このような学生の場合、実習に対して容易な考えや甘さが見受けられる場合が多く、適宜現場の実習指導者を交えたスーパービジョンを実施することも効果的である。つまり学生自身の希望目標と本来の実習課題をすり合わせ、はっきりとした実習課題への期待値の提示を行うことが重要となる。その結果、学生自身の持つ甘えを絶ち、実習に対する真摯な姿勢に再形成することも期待できるからである。学生への動機づけ方法としては、従来からの動機づけ理論をヒントとして活用することも効果的である。実習に対する考え方、目的意識を理解することより、彼ら（彼女ら）の持つ実習に対する欲求水準を把握し、より効果的な動機づけアップを心がけることも可能である。具体的には学生の得意とする分野に目を向け、エンパワメント理論やストレングス視点をヒントとして実習課題設定に活用する。つまり学生が過去において発揮した優れた評価、特性、成功体験等を実習の過程に何らかの形で再現すると効果的である。そして、そのためにもまずは現場の実習指導者、養成校の教員が、その学生に対して肯定的視点に基づいた共通理解を持つことが望ましい。

第4部　よりよい実習にするためのコツ　111

55 不適応学生（発達障害、精神疾患）への対応

Answer　社会福祉の学生は、能力の違いこそあれ、社会福祉専門職にとって適した個性、優しさを兼ね備えている若者たちが数多くいる。その反面、相談援助実習に支障が出るおそれのある「見えにくい障害」を持つ者たちがいることも否定できない。このような学生たちの実習指導は、養成校の教員および実習施設、機関の実習指導者にとって、指導方法に大変配慮を要するケースであるといえる。そしてこの障害の多くは、発達障害や精神的な問題を抱えているケースであり、先天性の障害のみならず幼少期の体験、家庭に問題を抱えている学生等様々な背景を持ち合わせている。また実習不適応状態として、利用者への支援過程において、過剰な同情や逆転移等の不適切な感情移入に支配されてしまう結果も推察できる。このような学生に対しては事前に確認することが重要であり、指導に慎重を期すことが必要となる。保護者、本人と、相談援助実習の目的、実習中に予測される問題、利用者に対する影響等を十分に確認することが大切である。

　留意点としては、本人の病識、日常生活上の問題となる行動（感覚過敏、多動、幻覚、自傷および他害行為、依存性、摂食障害等）の有無および程度、通院、服薬状況等の正確な把握が挙げられる。主治医がいる場合には、原則的には保護者、本人を通じて、それが無理な状況であれば、必ず本人了解の上、教員が直接主治医に相談援助実習の内容を説明し、実習過程を通して受ける本人への精神的な負担等を確認することも必要である。そして結果として実習が可能であると判断された場合のみ、施設、機関の実習指導者へ事前説明、詳細な情報提供から実習依頼に繋げることが重要である。そのような手続きを通して、施設、機関側の実習の受け入れ可否の判断の材料となり得るからである。

　学生が混乱せずに実習を行えるよう事前の手立てとしては、例えば障害別に詳細な実習目的、ルールの説明書の作成と使用、状況に応じたタブレットの活用、実習を想定した事前のインターンシップの実施等の合理的配慮を保障することが望まれる。しかしながら、このように問題発生の可能性が事前に把握できる場合であれば、指導の方向性も明確化できるが、例外として準備困難なケースも考えられる。それは障害者として専門家の支援を受けていない場合である。このようなケースの場合、まれに専門医受診等に抵抗を示すことも想定できる。このような学生は、本人の抱えている生活上の課題と実習課題とが一致もしくは類似していることがあり、学生本人も病識が低い場合も見受けられる。実習担当教員はその点をしっかりと本人に把握させるとともに、個人的な課題と実習で取り組むべき課題の違いを学生に理解させ、問題点の整理を促し、実習の条件として受診等の必要性を実習参加の基準として提示することが重要である。なお、どうしても専門医への受診に抵抗を示す学生に関しては、学内の相談室等におけるカウンセリングや支援の導入も効果的である。ただし、実習中に発生した困難事例のなかには、利用者、施設、機関へ迷惑や悪影響を及ぼすと推察される場合もあるため、養成校の立場として、実習指導教育のコンプライアンスを第一に考え、可及的速やかに実習中断の決断を下すことも必要であろう。そのためにも実習担当教員は、施設、機関との連携を緊密に保ち、常に学生の状況を把握し、教職員間、保護者、施設、機関との情報共有のマネジメント機能を担うことを忘れてはならない。

56 交通事故にあったときの学生への対応

Answer　　学生には、交通事故などの不測の事態が起こったときには、学校や実習先に即時に電話連絡するよう伝えておく。また、学生が歩行中に車や自転車などと接触した場合や、学生が自転車を運転中に車や自転車などと接触した場合などを想定し、学生がひき逃げ被害にあうことがないよう、実習前から学生に注意喚起をしておくことが大切である。学生が交通事故の被害にあったら「誰か、助けてください！」と大声を出して近隣住民や通行人などに助けに入ってもらったり、目撃者を確保して自分の味方になってもらったりするなどして、加害者がその場を立ち去らないよう引き止める必要があることを教えておく。たとえわずかな接触にすぎなかったとしても、加害者がその場を立ち去ってしまった後でけがの状態が悪化したり、慢性化してしまったりすることがあるからである。

　次に、学生が加害者になってしまうことも同時に想定し、車や自転車を運転していた加害者には以下のような法的な義務があることを合わせて教えておく。

　昨今、自転車の運転中に歩行者と接触する事故により、高額の損害賠償を求められる事例が複数発生しており、学生が加害者になる可能性があることについても注意喚起が必要である。道路交通法第2条によると、自転車は「軽車両」という規定になっており、自動車と同じ「車両」として位置づけられている。道路交通法第72条では、交通事故が起こった際に、車両などの運転者と同乗者に対しいくつかの義務を課している。ここでは特に下記の4点を挙げておきたい。(1)直ちに車や自転車などの運転を停止すること、(2)負傷者を救護すること、(3)道路における危険を回避・防止するために、負傷者を道路脇の安全な場所に避難させ、車や自転車などを道路脇に移動させること、(4)警察に通報し、事故状況（発生した日時と場所、負傷者の数、負傷の程度、損壊の程度、車両などの積載物、事故後に行った緊急処置など）を説明すること、以上の4点である。また、警察官は、運転者に対し、警察官が到着するまで現場を立ち去ってはならない旨を命ずることができると規定されている。このほか、警察の到着を待つ間に、双方の氏名と住所、電話番号などを交換し合い、その後も連絡が取れるようにしておく必要がある。さらに、加害者も被害者も、加入していればその場で損害保険会社に連絡をする必要がある。

　学生が加害者、被害者のいずれになってしまった場合についても、実習担当教員は、学生を具体的で明確な助言で支える立場となる。事故発生の当日のうちに、実習担当教員から実習先に電話連絡の上、実習の期間を変更するなど、事故状況に応じた連絡調整を実施し、実習指導者との情報共有を図る。交通事故後の通院や入院による治療や、刑事責任が発生した場合の警察や検察との対応や、損害賠償を求めた民事訴訟、損害保険会社とのやりとりなど、交通事故後も長期間の手続きが必要となる場合がある。慣れない初めての道はもとより、通い慣れたいつもの道においても、絶対に交通事故を起こさないように余裕を持って行動することの大切さを学生たちに実習前から教えておくことも、大切な実習教育の一つである。

第4部　よりよい実習にするためのコツ　113

57 不安、衝撃、挫折を経験した学生に求められること

Answer　　ここでは「不安や衝撃、挫折」がもたらす意味について考えたい。失敗学の第一人者である畑村洋太郎氏は、失敗は「創造の源」であるという。もちろん、とりかえしのつかないような致命的な失敗はしてはいけないが、失敗のもたらすポジティブな面に目を向けることも重要である。格言にもあるように、「失敗は成功のもと」ということである。初めて実習に行く際、そしてソーシャルワーカーの卵として現場で利用者と対話する際、多くの学生はとても緊張する。思うように話ができなかったり、予期せぬ誤解が生じてしまえば、なお落ち込むこともあるだろう。しかし、不安や失敗を経ないプロソーシャルワーカーはいない。ここでは、不安や失敗経験がソーシャルワーカーにもたらす意味について考えていく。

　第一に、自分の不安や挫折からの落ち込みを経験することは、自己覚知が促されるきっかけになる。自分がいまだ経験したことのない世界に触れるときの不安や衝撃を自らの身をもって経験することで、不安や挫折に接したときの心理的身体的反応に出会うこととなり、これらに今後どう向き合っていくか考察を深める機会になる。これらの経験が、学生の人間としての成長を促す。考えてみれば、生きているなかで不安や挫折を経験したことがない人はいないといってもいい。失敗や不安は、生きていく上で特別な経験ではなく、ソーシャルワーカーの誰もが経験しながらそれを糧に生きていく、誰もが通過する「当たり前」の経験であると捉えることが重要である。

　第二に、失敗、不安や挫折に苦しむ気持ちを味わってみてほしい。胸が痛くなる、それとも手に汗をかいているだろうか。失敗や挫折、不安は経験したくないものではあるが、こうした経験は、ソーシャルワーカーとして接する利用者と対話する場面で、利用者に共感が生まれるもとになったり、想像したりと、ソーシャルワーカーとして根源的な経験になるのかもしれない。もし、あなたが逆の立場であったらどうだろうか。いつも成功しているソーシャルワーカーよりも、失敗や不安の経験のある人の方が、安心するかもしれない。

　以下、不安や衝撃、挫折のポジティブな面を引き出す方法について考えてみたい。まず、失敗や不安を多角的に検討することが重要である。なぜ、失敗したのかという思考や行動のプロセス、これまでの失敗や不安に陥った場面の傾向を分析することで、どんなときに失敗を起こしやすいか、不安はどのくらい持続するのかなど、自分自身のパターンを理解できるようになる。こうして、失敗から学ぶことができるし、失敗に対処する力が育成されていく。

　これからソーシャルワーカーになる学生には、ぜひ失敗や不安、挫折に負けず、むしろそれを力に変えていくタフさを身につけてほしい。

58 学生の自己覚知を支えるための対応

Answer　実習もしくは日ごろの授業を通して、自分自身の潜在的な価値観や判断、実践の傾向に「はっ」と気づいた経験はあるだろうか？　その気づきの結果、どのような変化が自身にあっただろうか。自己覚知はソーシャルワーカーの専門性の中心概念であり、将来ソーシャルワーカーとなる学生は、自己覚知を通して専門家としての自己を確立していくこととなる。

　自己覚知とは、『標準社会福祉用語辞典』によると「他者に対する自身の考え方や対応の根拠がどこにあるかを可能な限り客観的に自覚し、感情や態度をコントロールすること」と定義づけられている。ソーシャルワーカーも、自身の生育環境、家族、地域性、所属していた文化によって影響を受けながら、思考し、判断し、実践する。利用者の課題に自らの価値観や感情を持ち込まないように、ソーシャルワーカーには、感情、態度を意識的にコントロールするために自分自身の感情、態度、性格、能力等を捉える自己覚知がなされていることが不可欠となる（松山 2011）。

　自己覚知を支えるための営みとして、主に日誌や日報、報告書作成などの文章化が効果的とされている。文章にすることを通して、自分がどのような事実からどのように考えて判断をしたのか、その過程が浮き彫りになり、ときには自分自身の思い込みや誤った認識の仕方について気づき、修正していく機会にもなる。そのプロセスでは、利用者の価値観とソーシャルワーカーの価値観が整理されているか、価値観の異なる利用者を批判、排除していないかなど、専門家として必要とされる自己覚知のプロセスを踏む必要がある。さらに実習記録や報告書を素材にして、理論と実践の関係性またはその乖離を自分自身で、もしくはスーパーバイズを受けながら、検討していくことでより深まる。

　スーパービジョンは、実践者が暗黙のうちに陥っている思考や行動における問題点に気づく機会にもなる。ある実践者は、「利用者のニーズに基づいたプランを立てているという気持ちで仕事をしていた。しかし、上司のスーパーバイズを受け、自分の援助が自分の意見の押し付けになっていたことに気づいた」とした（粟野 2009）。この事例からも、日誌や援助記録や計画などの記述されたものをもとに、他者の視点を伴ったスーパーバイズを受けることで、自らの思い込みや誤った認識への気づきが生まれ、結果としてソーシャルワーカー自身の意識変容をもたらし得ることがわかる。こうして、自己覚知は、実践者の内省によって深められるという性質がある一方、上司や先輩からのスーパーバイズ、同僚からのメンタリング、さらにはワークショップなどのグループ活動を通して促される。

　さらに、自己覚知は多面的に検討されるべきであり、ソーシャルワークの価値、役割、知識、技術のあり方から検討していくことになる。社会福祉士としての自分を照らす「職業的価値」となるソーシャルワーカーの倫理綱領を自己覚知における大切な基盤として「専門職業的自己覚知」をぜひ深めてほしい。

第 4 部　よりよい実習にするためのコツ　　115

59 学生の実習体験に基づいた学びの展開構造
（学びのキャリア形成）

Answer　社会福祉実習の事後学習は、実習報告会や総括レポートの作成によって終わりを迎えるが、このとき学生は何を語り、どのようなことを記すだろうか。ソーシャルワーカーは、人々が環境と相互に影響し合う接点に介入するという特徴を有する。その実践過程では人間の行動と社会システムに関する理論を活用しながら進めるといわれてきた。ソーシャルワーカーの出発点となる実習において、学生は何を学んでくるのだろうか。G. コノプカは、「ソーシャルワーカーは事実と価値の双方に住んでいると述べた」。自らの根底から揺さぶられるような事実や価値に恐れずに出会うこと、そのなかで「社会福祉実践の固有の視点」を認識し実践できるようにすることが、キャリア形成の初期においては重要であると述べた。

　社会福祉実習では、こうしたソーシャルワークの実践がどのくらい深められているかが重要であるが、実際には限られた実習では、そのすべてを達成し深めることはできないという限界もある。ここでは「キャリア形成」という概念を押さえつつ、実習経験を深めるために、専門職を目指す学生がどのように成長していけるか、学びの過程を考えていく。

　キャリア発達とは、「過去・現在・未来の時間軸のなかで、社会との相互作用を保ちつつ、自分らしい生き方を展望し、実現していく力の形成の過程」（菊池 2012）といわれている。専門職の成長にとって重要なプロセスが、省察（リフレクション）である。D. ショーンは、複雑で不確定な状況のなかで実践する専門家を「反省的実践家（reflective practitioner）」と呼び、リフレクションを繰り返すことで、専門家として熟練することを示した。次にショーンの2類型を示す。まず一つが、「行為についてのリフレクション（reflection-on-action）」である。ここでは、実践状況から離れて、自己の行った実践やその思考過程、状況の理解のあり様について、振り返り意味づける。スーパーバイズを受けるなどに代表されるが、専門家が行為のあとに、実践と理論を往還しながら考察する姿である。もう一つ、ショーンは「行為のなかでのリフレクション（reflection-in-action）」を強調した。これは、行為と思考が切り離されるのではなく、行為においてどのように認識しているかを暗黙知とせず、その過程を明らかにして吟味することでこそ、専門家としての力量が高められるとした。つまり、「状況との対話（conversation with situation）」を通して、その実践状況に応じた行為を遂行しつつ、次にどのように行為するかを思考し判断を下す「行為のなかでのリフレクション」によって、実践者が専門的知識を問題に適用するだけでなく、複雑で不安定な状況のなかで、問題を枠づけ、新しい知を創り出しながら探究していく。こうしたことこそが、専門家の力量を高める根源的な力であることを示した。

　2014年にはソーシャルワーカーのグローバル定義も改正された。そこには多様性や当事者の力、マクロ的視点等が強調されており、ソーシャルワーカーが社会に関与する領域もより広く、深いものへと期待されていることがわかる。これからソーシャルワーカーになる学生の皆さんには、ぜひ、ミクロ・メゾ・マクロを移動させながら、ソーシャルワーカーとしての学びを深め、キャリアを形成していくことを期待したい。

60 ボランティア、アルバイト、実習生、職員の違い

Answer 「ボランティア、アルバイト、実習生、職員の違いは何か」と聞かれたら、どのようにこたえるだろうか。社会福祉職を目指す学生が、勉強のために福祉施設でアルバイトをすることも多く、実際にそこで福祉現場の生の様子に触れたり、専門家の高い力量を目の前で見て福祉への思いをさらに強く抱いたりと、将来に繋がる経験をすることも多いと思う。このようにアルバイトであっても、経験や学びを蓄積する場となり、キャリアに繋がることもある。その一方で、アルバイトの立場では、専門性が高くなくても対応できる仕事に限定されることも想定される。専門職となるための学びや成長のための環境が用意されているとは限らないということも、あらかじめ留意しておく必要もある。

　①ボランティアは、職員やアルバイトのような有給スタッフとは異なる立ち位置にある。②ボランティアは無償で自由意思に基づく活動である一方、制度に裏づけられた福祉サービスでは対応・充足できないニーズに対して、ボランタリーに活動をつくり出す可能性を有している。職員や実習生とは異なる立場で当事者に触れ合い、理解を深めることができるのである。③最近は実習前にボランティアを推奨している大学も多い。これには様々な理由があると思われるが、まず学生に早く福祉現場や当事者たちの生活に触れてほしいという願いがあることに加え、通常の座学だけでは習得できない多くの内容が、現場実践に含まれているからではないだろうか。そのほか、ボランティアという比較的自由度が高い立場で利用者に触れることで、職員という確立された立場では見えない、当事者の世界に触れられるからかもしれない。

　これに比べて、相談援助実習は体系づけられた経験が目指される。授業における学習と現場での実践の統合が目指され、専門職としての当事者への関わり方、問題の発見と分析、福祉ニーズの把握と評価、社会福祉援助技術の習得など、その学習内容は多岐にわたる。学生は180時間という定められた時間を実習として取り組むことが求められ、事前には実習計画書を作成し、それに沿って実習指導者、実習担当教員の指導を受けながら実習を進めることになる。学生は、実習を通して専門職としての自己理解と役割を自覚する。実習後には実習報告会や実習報告書の作成をして、自身の学びと実践を整理していくといった一連のプロセスがあり、実習指導者や実習担当教員から評価を受ける学習者としての性格が強い。

　こうした立場に比して、職員は、専門職として仕事を全うできるだけの教育と経験を積んだ存在であり、倫理規範にのっとりながら、個別支援・集団支援を展開できる自立した実践者ということになる。このように職員、アルバイト、ボランティア、実習生といった、福祉現場に関わる多様な立場の違いを述べてきたが、その差異を強調しすぎるのではなく、現場ではそれぞれの立場の特性と理解し、尊重して実践にあたることが、総じてよい支援につながるということも押さえておきたい。

61 「実習のてびき」の内容とその活用

Answer　「実習のてびき」は養成校ごとに作成されており、主に以下のような内容が書かれている。「1. 相談援助実習の意義・目的と学習方法、2. 相談援助実習を履修する準備（健康診断等の準備を含む）、3. 相談援助実習の目標と展開、4. 相談援助実習実施に関わる提出物と手続き、5. 相談援助実習指導の内容と方法、6. 相談援助実習計画、7. 相談援助実習記録の方法、8. 事前訪問（オリエンテーション）について、9. 相談援助実習中の留意事項、10. 相談援助実習に関わる予定変更、事故等の対応、11. 実習評価と単位認定について」（日本社会福祉士養成校協会 2015：266）である。つまり、①実習の事前準備から終了までの手続きの概要、②実習内容や計画、実習記録のモデル、③実習に伴うリスク管理、④評価について、書かれていると考えてもよい。

　①では、学生が行うこととその期日が記されているから、学生はこのてびきの期日に従って確実に、健康診断を行ったり必要書類を提出したりすればよい。②では、学生一人ひとりが作成する実習計画や記録の例があるので、参考にするとよい。

　もっとも注意すべきは、③のリスク管理である。実習に行くということは、学生側のリスクも伴う。経験不足や配慮不足のために対人・対物の損害を生じさせることも考えられる。例えば、誤って利用者にけがをさせてしまったり、施設のものを壊してしまったり、学生自身がけがや病気をしたりする可能性がある。もしそのようなことがあれば、実習指導者の指示のもとに迅速かつ的確に対処するとともに、養成校に知らせることが必要である。加えて学生は実習中の事故に備えて保険に入っているため、てびきに従い保険の対応手続きをすることが必要となる。実習は、利用者の不利益にならない範囲で行われるのが大原則である。大きな事故にならなくても、利用者の心身の不調や不適切な関わりに繋がるのではないかと判断した場合、学生は実習指導者に指示を仰ぎ、リスクを最小限にしなければならない。また、学生が実習前から抱えていた心理・精神的な課題が実習体験により表出して、実習に影響を与えたり、意欲が低下したりして、実習継続困難になる場合もある。このような場合は、早めに実習指導者や実習担当教員に相談し、スーパービジョンを通じて課題を整理したり、実習の一時停止や中止を検討したりするなど、リスクを最小限にする対応が取られる。実習は、養成校と施設との契約の上で行われている。学生のリスク対応については、養成校と施設が共同で責任をもち、学生は守られた立場にある。学生はそのことを念頭に、困ったことがあれば早めに実習指導者や実習担当教員に相談してほしい。

　④の評価では、日本社会福祉士養成校協会の「相談援助実習評価表」の様式や、養成校独自の評価様式が掲載されることがある。実習終了後の自己評価について、それを活用して行うのもよい。

62 実習報告書の作成とその活用

Answer 　学生は、実習報告書をまとめる作業を通じて、事前学習から実習、事後学習のすべてのプロセスを振り返ることになる。実習報告書を記述するプロセスのなかで、幾度となく教員の添削を受けるだろう。添削指導は、単に文章の作法をチェックしているのではない。なぜこの事例を取り上げたのか、なぜ利用者の態度や言動が気になったのか、どうして実習指導者の患者への関わりに惹かれたのか、地域活動に参加しない住民を無理にでも参加させたいという思いに駆られるのはなぜか等、学生のこだわりや引っかかりを語ってもらいながら紐解いていく作業にもなる。学生が語るこだわりのなかには、実は学生個人の生活歴や生育歴が関係していることもある。教員は、事前学習の段階から学生との信頼関係を育んでいるので、学生の語りから本質的な課題へと踏み込むこともできるだろう。また実習報告書を作成する作業のなかで、学生の自己理解が深まるように働きかけることも重要である。学生同士で原稿を添削したり、発表し、意図が伝わらないことを指摘することで学びも深まる。他者の原稿を読むと、自分の原稿では気づかない不備を発見できたりするものである。学生がそのようなことを体験すると、人の目に触れて完成することの意義を体験することができる。実習報告書は完成すると冊子になり、実習先や下級生などに配付される。図書館に保管されるなど多くの人の目に触れることを理解して、作成することが重要である。

　実習報告書は労力をかけて作成されるので、書き上げたことで満足し、印刷され冊子となった実習報告書を開かない学生もいる。しかし貴重な実習体験は、相談援助演習などで教材として活用できる。学生個人が経験した出来事は事例研究法を学ぶ素材になり、実習経験を他者に説明しその支援プロセスを紐解く作業は、支援の展開過程のアセスメントを検証することに繋がる。

　実習終了後からある程度の時間が経過し、実習経験を落ち着いて振り返ることができるようになると、仲間とのディスカッションでの指摘や質問が理解できるということもある。

　実習報告書は完成させることを目標にするだけでなく、活用されることを目標に書き進めることが大切である。自分の成果をまとめるだけにとどまらず、実習報告書を読む下級生にも多大な影響を与えるからである。例えば、下級生は実習先を選定する際に実習報告書を大いに参考にするだろう。実習先の概要はホームページなどを参照すれば情報を得ることができるが、実習報告書を読むと、実際に実習で経験したことや利用者とのエピソードを通じて、実習に対するリアルなイメージを得ることができる。実習報告書のなかで実習生が格闘する様子に、下級生は自分と重ね合わせることができ、有効な教材となる。自分の実習を思い描き、不安や心配な思いを抱くこともあるだろうが、先輩が通った道を歩むことがイメージできると、歩んでいこうという意欲につながる。

　実習体験を理論化し実践できるようになるには、多くの時間と経験が必要になるが、実習報告書を最大限活用し、実践力を育てられるよう活用しよう。

63 巡回訪問先での指導はどのようにすればよいのか？

Answer　養成校は、厚生労働省通知に基づき「巡回指導等を通した個別指導」を少なくとも週1回以上定期的に行うこと（通常、実習巡回指導2回、帰校日指導2回）が義務づけられている。この巡回指導では、これまでの実習内容を確認するとともに、必要に応じ実習指導者との調整を行うことを大きな目的としている。

　巡回指導は、あらかじめ巡回担当教員と実習指導者との間で日程を調整した上で行う。実習生は、巡回日を事前に確認した上で指導を受ける。巡回指導という限られた時間を有効に活用するために、実習指導者は事前に確認するべき事項をあらかじめ整理しておくとよい。実習生は、巡回日に的確な報告や相談をすることができるよう、前日までに質問や相談の事項を箇条書きにするなど明確にしておくと、巡回時の指導がスムーズになる。

　巡回指導の方法は様々である。実習生と巡回担当教員との二者による面談や、実習生と巡回担当教員、実習指導者の三者で面談を実施する場合などがある。実習生と巡回担当教員との二者面談では、実習課題の達成状況や、実習計画の再確認を行うとともに、実習での不安や疑問、実習指導者にはいえないことなどを確認する。実習生が実習中に抱いた不安や疑問は、場合によっては実習の継続に支障をきたすおそれがあるので、巡回担当教員は、その解決への早めの対応が必要である。実習生においても、必要な支援を受けることができるよう、悩みや不安、実習施設への要望を抱え込まずに巡回担当教員に伝えることが必要である。巡回担当教員は、必ず実習指導者とも面談を行い、連携を図ることが必要である。

　実習生と巡回担当教員、実習指導者の三者で面談を行う場合は、主に実習の成果を共有し、残りの実習期間における共通の目標を確認する場とする。教員と実習指導者が同席するなかで、実習生は緊張を強いられるかもしれないが、残された課題を残りの実習期間でどのように達成させるかの確認は大変重要であるので、実習生は頑張ってもらいたい。三者面談を行う場合は、その前後で、必ず教員と実習生とが二者面談できる時間と場所を十分に確保することが必要である。

　実習機関・施設の確保等、地域の実情により定期的な巡回指導が困難な場合は、帰校日を設けて指導を行う。帰校日指導は巡回指導の代替的方法であるので、電話やメール等による対面をしない指導は不適切である。

　帰校日指導では、実習生は一旦実習施設を離れて養成校に戻ることで、自分のそれまでの実習体験を新たな気持ちで見直しやすい。帰校日における指導では、教員からの個別のスーパービジョンのほか、学生同士のグループスーパービジョンを受ける。

　帰校日指導において、自分とは違う分野の施設や、自分と同じ分野であるが他の施設で実習中の学生との意見交換を通して、自分が抱える課題や悩みとの違いや共通点、自分と同じような悩みを違う視点から捉えていることなどに気づくことは、実習中の実習生にとっては、それ以降の実習にとって大変有意義な時間である。教員は、こうした帰校日が持つ効果を十分に理解した上で、グループスーパービジョンの展開について指導するとともに、帰校日での実習生の様子を後日、実習指導者にフィードバックして、その後の実習指導に役立てたい。

64 三者協議・連携の工夫はどうすればよいか？

Answer　相談援助実習における三者とは、学生、養成校、実習先のことである。この三者が一堂に会する機会は、配属実習中の実習巡回指導時（24日間の実習の場合、原則2回）や終了後の実習連絡協議会開催時など意外に少ない。しかも、時間的に限られたなかでの面会で、挨拶、顔合わせといった意味合いから、深く込み入った話題を出しにくいことも否めない。その結果、実習生の特徴の理解不足や、施設・機関側の規則・ルールの徹底不足などによる、様々な問題の発生に繋がりかねない。従来、三者における情報共有は書面あるいは電話で行うのが主流であった。しかし近年、プライバシー・個人情報の保護の強化、実習評価の厳密化などに加え、問題を抱える学生の増加、複数の機能を担い多忙を極める実習先など、相談援助実習を円滑に進めるための状況が大きく様変わりしてきている。では、こうした状況のなか、三者による協議・連携を具体的にどう図ればよいのだろうか。2つの具体例を通して考えてみたい。

　第一に、「学生の特徴、くせ、つまずきやすい点などを事前に知らせてほしい」という実習先の要望について考えてみよう。この背後には、受け入れる実習生の特徴を事前にできるだけ細かく把握することで、個々の学生に合った実習内容プログラムを提供しようという実習先の意図がある。各学生においては、「自己紹介票」や「実習の動機と課題」などの作成を通じ、趣味・特技のほか、自分自身の関心事、体験的に学びたい内容などを言語化し、三者の情報共有に役立てることを要する。しかしながら、近年、些細なつまずきから大きく揺らぐ学生が増えている。何につまずいているのか、なぜつまずいたのかなどを振り返る力が弱体化している学生も多い。できない自分に気づく力が弱まっていることに加え、今日の義務教育では自分のよさに気づき、長所を伸ばす教育方法が重視され、できなかった事柄や短所の見直し、反省の機会が減少している実態がある。プラス面の強化が大切なのはいうまでもないが、至らない点やできない事柄をていねいに拾い上げ、省察することから学べることも少なくない。養成校にはこうした背景要因の検討も視野に入れた実習指導の充実が求められる。

　第二に、「相談援助実習が施設・機関への就職に繋がらない」という実習先の意見についてである。ある児童養護施設では、ここ数年、求人を出しても応募なしの状態が続いているという。厚生労働省でも人材確保や離職率の低下を目指し、「労働環境の整備の推進」「キャリアアップの仕組みづくり」「潜在的有資格者の発掘と参入促進」「多様な人材の参入・参画の促進」などを講じるが、打開策となっていない。ここでは、学生の意思を尊重しつつも、実習先が各々の施設・機関での働きがい、キャリアアップ、メンタルヘルス、人間関係、休暇、基本方針など、現場の魅力を具体的に示す機会を増やす必要がある。一方、養成校側も息の長い実践家、即戦力養成の工夫として、使命感の醸成、福祉哲学の構築、よきモデルの提示、社会人基礎力の強化、学年間交流など、相談援助実習内外を問わず、各教員の特性を生かした系統的・実践的な学びの促進が求められる。

　いずれにしても、この三者による協議・連携は、相談援助実習時のみならず、その後の展開にも影響するため、可能な限り緊密に行い、良好な関係構築を心がけなければならない。

第4部　よりよい実習にするためのコツ　　*121*

65 利用者の人権やプライバシーへの配慮

Answer　　　　実習生にとって、自宅から通勤の利便性のよい実習先であるということは、その実習先が近隣の人々が多く利用している病院や施設である可能性が高い。そのため、実習生は、その実習先を利用している近所の住民があまり知られたくないと思っている家族構成や病院の入院歴、施設の利用状況などといった個人情報を詳しく知ることになる可能性がある。したがって、実習生は、自分が知り得た個人情報を友人はもとより、家族にも知らせないようにしなくてはならない。なぜなら、知らされた友人や家族は、実習における守秘義務という規則を強く意識していないため、容易に他言してしまうことが多いからである。その結果、実習生が知り得た個人情報が近隣住民に流布されてしまうことに繋がりかねない。

　実習生にとっては、その実習先は自分が資格を取得するためにわずかな期間に限って実習をする病院や施設にすぎない。しかし、その病院や施設を利用している人々は、国家資格のない実習生という立場の者が、実習という名目で頻回に利用者の個人情報に目を通しているという事実を知らずに利用していることが多い。実習生は、国家資格を規定する法律による守秘義務が発生する前の段階にあるきわめて特殊な立場にある存在である。だからこそ、実習生は、実習における守秘義務の重要性を今一度、肝に銘じ、実習を通して知り得た個人情報を漏洩しないよう細心の注意を払う必要がある。

　次に、昨今、急速に普及しているSNS（ソーシャル・ネットワーキング・サービス）などに関する注意点についてである。実習でこういうことがあった、あるいは、こういう施設で、こういう利用者がいて、それに対してこう思った、さらには、こういう職員からこういわれて、こう思った、などといった感想や批評などを、自分以外の人が閲覧可能な通信媒体を利用して発信することは、絶対にしてはならない。やがては、その文章が自分が意図しない形で転送されたり、実習先で知り得た個人情報が広く流布されたりする結果を招く危険があるからである。また、実習先で撮影した写真についても、携帯電話やパソコンなどの通信媒体を利用して掲載してはならない。そのため、自分以外の人が閲覧可能な通信媒体を利用して文章や写真を発信する際には、十分な注意が必要である。

　公共交通機関などによる通勤の移動中にも、実習先や利用者の話を不用意にしないように注意する必要がある。たとえ周りに実習先の職員や利用者がいない場合であっても、実習生が面識のない職員や利用者が自分の近くに座っているかもしれないし、実習先の職員や利用者の知り合いが自分のすぐ近くの席に座っているかもしれないからである。

　最後に、実習生にとっては実習先に訪問するのは初めてであっても、利用者のなかには、入れ替わり立ち替わりに来所する実習生との関わりに失望し、実習生とあまり関わりたがらない利用者もいる。実習生は、このように利用者の実習生疲れが生じている場合もあることに留意し、十分な距離を置いて慎重な関わりを持つようにすることも大切な配慮の一つである。

66 なかなか記録（実習日誌）が戻ってこないときの対応

Answer　実習終了後に、実習生が実習指導者に提出した実習日誌がなかなか戻ってこないことがある。実習日誌を受け取る方法としては、（1）後日、実習生が実習日誌を受け取りに行き、その後、実習生が教員に手渡す方法、（2）実習生が実習指導者に実習日誌を提出する際に、巡回担当教員の氏名と学校の住所を明記した返送用の封筒を手渡し、後日、実習指導者が返送用の封筒に入れて送付する方法、のいずれかの経路になることが想定されるが、実際には、実習指導者からの「実習評価票」が実習日誌と一緒に戻ってくることから、上記の（2）の方法を取っている学校が多いものと思われる。そのため、ここでは、（2）の方法に焦点をあて、記録が戻ってこないときの対応法を紹介したい。

　まず、基本となる対応法としては、教員から実習指導者に直接電話連絡の上、実習日誌と実習評価票の記入状況を確認させていただくことが最初の作業となる。もちろん、教員ではなく、実習生が直接、実習指導者に電話連絡をし、記入状況を確認することも可能である。どちらの方法を取るかは、実習生と実習指導者との実習中の関係性も考慮しながらの判断となる。次に、急ぎすぎない範囲で、返送の期日を指定させていただく必要がある。これは、教員から電話連絡により実習指導者に相談をさせていただく方がていねいである。

　あるいは、実習日誌を返送していただくのではなく、実習生についての実習後の情報交換をさせていただくなどという名目で、直接、教員が実習先に訪問する方法もある。電話連絡だけでは、実習指導者が置かれた多忙な業務や様々な事情に十分に配慮できず、一方的な催促になってしまうおそれがある。そのため、直接、お約束をさせていただいた日時に実習先に訪問すれば、実習日誌の直接の受け取りが可能になるだけでなく、実習生がお世話になった御礼を教員から直接、実習指導者や実習先の職員の方々にお伝えすることができ、より丁重な受け取り方法となる。しかし、この方法は、実習先と学校が遠い場合には、かえって、実習指導者を恐縮させてしまうおそれもあるため、実習先と学校との距離が近い場合に限られる。

　教員としては、事後指導の日程を勘案すれば、1日でも早く実習日誌を戻してほしいというのが正直なところではある。しかし、実習は、教員のみが実習指導をしているわけではなく、現場の実習指導者との両輪で成り立っていることをあらためて思い起こす必要がある。実習指導者にも様々な事情がある。例えば、実習先で、すでに次の実習生の受け入れが始まっており、その新しい実習生の対応や実習現場の連絡調整に心を砕いていてくださっていたり、複数の学校から多数の実習生を同時に受け入れてくださっており、実習日誌の処理が期せずして滞ってしまっていたりする可能性がある。

　そのため、教員の側としては、電話連絡の際には、実習指導者がご多用の折にもかかわらず実習生を受け入れ、実習期間の全日程を通して実習指導をご担当いただいたことへの深い感謝の念をまず最初にお伝えするべきである。その上で、あらためて、実習日誌の返送の期日や訪問日などを、実習指導者の負担にならない範囲内で決めさせていただくという姿勢が肝要である。

第4部　よりよい実習にするためのコツ　　*123*

67 必ず繋がる連絡先の確保

Answer 　　実習先の実習指導者らは実習生に、学生としての振る舞いではなく、社会人としての振る舞いを求めている。よって、遅刻や欠勤はあってはならない。しかし社会人であっても、交通機関が麻痺してしまった、あるいは体調不良になってしまった、などの予期せぬ事態により、想定外の遅刻や欠勤がないとはいえない。遅刻や欠勤をする場合、社会人ならどのような対応をするのかを考えてほしい。もちろん、職場の上司に報告・連絡・相談を行う必要があるだろう。実習生の場合は、実習指導者へ報告・連絡・相談することが基本となる。その際、注意が必要なのは、実習生が知っている実習先の連絡先が緊急時の連絡先の役目、機能を果たすか否か、ということである。実習前にその部分の確認を怠ってはならない。例えば、実習先が入所施設であって、朝の8時30分以前の外線（外部からの電話）は、入居者のいるフロアのスタッフが取る施設であって、8時45分の申し送りが実習生の集合時間だとする。実習生は時間通りに家を出たが、大幅な交通機関の麻痺があり、予定の8時45分より少し遅れてしまうことがわかった。その時点の時間が8時であった。すぐに実習施設へ連絡をした。しかし、電話を取った職員がフロアのスタッフであったため、そのスタッフに実習指導者への伝言をお願いした。しかし、8時45分の申し送り前後の時間は、朝食後のケアの時間で多忙であり、伝言したスタッフと実習指導者に行き違いがあった。そうこうしている間に、8時55分に実習生が現れた。実習生は遅刻として判断された。実習施設のシステム上、実習生の事後連絡が認められている場合はよいのだが、実習指導者が緊急用の電話を携帯している場合は、報告・連絡・相談、の相談により敏速で的確な指示を受けることもできたはずだ。よって、事前に必ず繋がる連絡先を確保しておくことも、実習生としてあるいは社会人としてのリスクマネジメントである。必ず繋がる連絡先は、メールや伝言ではなく、報告・連絡・相談のできる電話が望ましい。

　　また、実習生へも緊急連絡がかかってくる可能性がある。台風などで実習時間が変更、あるいは中止される場合などである。実習生も実習期間中はかならず繋がる連絡先を確保しておく必要がある。

　　次に注意が必要なのは、実習生自身のプライバシーは自分で守ることである。実習生の携帯電話番号は、実習施設・事業所のスタッフに個人的に教えてはならない。どうしても一時的に教える必要がある場合は、実習に関すること以外で連絡を取り合わないこと、実習終了後は携帯電話番号を削除してもらうことなどを、実習施設・事業所に依頼しておく必要がある。その際、養成校の実習担当教員に立ち会ってもらい、携帯電話などの連絡先を教えることは個人的ではないことを明確にしておく必要がある。

68 相手（利用者）に対する上手な自己紹介の仕方

Answer　　まず、聞き手側になって振り返ってみることである。流暢に淡々と笑顔で自己紹介できる実習生であっても、聴衆の印象に残らない場合がある。例えば、「趣味は音楽」「特技はスポーツ」などの抽象的な表現の場合は、聞き手側の印象に残らないことが多いようである。「音楽」であれば、聴く方か、演奏する方か。聴くとしたらどのような曲を聴くのか。演歌？ クラシック？ 演奏できるのであれば何が演奏できるのか。ピアノ？ 三味線？ 聞き手側からすると、実はとても興味のあることなのである。しかし、実習生が「音楽」「スポーツ」等と抽象的に答えたのはその部分が触れられたくないからかもしれないと考えて、実習指導者や利用者は実習生のあなたに質問すらできない場合もある。さらに、実習先施設・事業所には厳しい意見もある。そのくらいの自己紹介しかできない実習生、いい加減にしか趣味・特技を教えてくれない実習生は、今後も私たちと薄い関わりしかしてくれないだろう。第一印象として、どうでもよい存在にもなりかねない、ということである。もし聞き手の利用者に同じ趣味や特技を持っている人がいたら、興味を持つ人がいたら、それは実にもったいないことである。信頼関係の形成のチャンスを逃すことにもなる。その実習生の存在自体が身近に感じられない。よって自己紹介は聞き手の身になって、具体的に伝える必要がある。また、聞き手の身になって、年齢や時代背景にも配慮する必要がある。高齢の利用者に趣味である最新のスマートフォンゲームの話を淡々としても、利用者は理解に苦しむだろう。逆に児童の前で趣味の外国為替証拠金取引の話を淡々としたとしても、児童は退屈だろう。よって、聞き手の身になって話す内容も工夫する必要がある。たかが自己紹介、されど自己紹介、と捉え、事前に自己紹介の練習をしてみよう。

　自己紹介の際の自己開示にも注意が必要である。肝に銘じておかなければならないことは、自己開示しすぎてはいけない、ということである。聞き手にとってどうでもよい、とても個人的なプライベートなこと、特に実習に関連しないプライベートなことは話す必要がない。しかし、多少の自己開示は、初回の場面ではなくても徐々にしていく必要がある。「緊張のあまり笑顔を作るのが難しい」などの開示は最初に必要な場合がある。ここで、聞き手側として不愉快になる自己紹介は、「私は○○ができないから私に配慮して」と捉えられるような紹介である。自分自身の問題課題に、周囲を巻き込んではならないのである。「私には趣味も特技もありません」というような自己紹介をする実習生も同じことである。社会生活あるいは日常生活を送っているわけであるから、目にするもの耳にするもの口にするもの何かしらに"気づき"があり、興味・特技に繋がるものがあるはずなのである。これでは、「私は趣味も特技もないかわいそうな存在だから私に配慮して」と福祉利用者にお願いしているのと同じことなのである。

　たかが自己紹介、されど自己紹介。自己紹介にも実習生としての責任が伴うのである。

第4部　よりよい実習にするためのコツ　125

69 相手をありのまま受け容れるとは？

Answer　社会福祉士の倫理綱領の倫理基準「I. 利用者に対する倫理責任」のなかには「3. （受容）社会福祉士は、自らの先入観や偏見を排し、利用者をあるがままに受容する」とある。「あるがままに受容する」とは、「ありのまま受け容れる」ということである。では具体的にどういうことなのであろうか。文字通りに解釈すれば、利用者がどんな言動をとろうとも、この人はそういう状態にあるのだと、まずはその状態や状況を感知し、利用者全体を受け止めることである。ここでは支援者側の先入観や偏見などの価値観は入らず、中立的な見地から利用者を理解する。しかし、それだけでは支援に繋がらない。

　さらに社会福祉士の行動規範の「I. 利用者に対する倫理責任」の「3. 受容」の欄を見ると、「3-1. 社会福祉士は、利用者に暖かい関心を寄せ、利用者の立場を認め、利用者の情緒の安定を図らなければならない」とある。ここでは支援に繋がる積極的な受容について述べられている。支援者は利用者に「暖かい関心」を寄せて、利用者の立場を認める、とある。つまり、ある状況下である言動を取る利用者について、なぜこの人はこのような言動を取るのだろうか、それには何か特別な背景があるのではないか、この人には何か意図があるのではないか、等と思いをめぐらせる。この思いをめぐらせる行為自体が、利用者に対する「暖かい関心」を持ち利用者の状況を理解し、その立場を認めて受け容れようとする社会福祉士の言動である。その行為が、利用者に「暖かい関心」として伝わり、不安定であった利用者の情緒の安定に繋がることもある。

　また、行動規範の続きに「3-2. 社会福祉士は、利用者を非難し、審判することがあってはならない」とある。利用者を一方的に非難して、善悪の審判をすることが受容の対極にあることは理解できるだろう。さらに「3-3. 社会福祉士は、利用者の意思表出をはげまし支えなければならない」という文言からは、積極的な受容が、利用者の意思表出の支援に繋がることが理解できる。

　例えば、あなたがある相談機関の実習生だと仮定しよう。初めて訪れた人が職員に対して大きな声で苦情を言っている場面に、あなたが居合わせたとしよう。そこであなたはどんな感情を抱くだろうか。「怖い、いやだ」等のマイナスの感情を抱き、「暖かい関心」を寄せることができずに、支援を検討するにあたって及び腰になることがあるかもしれない。そうなると、利用者は拒否されたと感じて、内なる思いを話さずに立ち去るかもしれない。これでは支援にならない。受容は支援の第一歩である。まずは、「初回相談に来た人が、職員に対して大きな声で○○について話している」と冷静に、あるがままにその事態を受け止め、受け容れることが重要である。それから「暖かい関心」のもとに、その人を理解しようとする試みが始まる。その試みの過程で、「私はあなたの役に立ちたいのです、大切なあなたのことを教えてください」というメッセージが、直接的または間接的に相手に伝わる。そうすると相手は自分の状況や立場を受け容れられたと感じて、気持ちが落ち着き、対話する雰囲気に転じることがよくある。そして支援者側が受容の態度を貫くことを通して、相手は非難されないことを確信し、安心して意思表出すること、つまり話すことができるのである。支援は、相手を受容することから始まるといえる。

70 利用者と実習生との適切な距離とは？

Answer

1 利用者との交流について

　相談援助実習は単に支援技術を体験、習得するだけの学外体験ではなく、福祉専門職として独自性、専門性、倫理性等の福祉専門職としてふさわしい態度や自己覚知を養う機会でもある。そのためにも学生は常に学ぶ側の謙虚な立場を忘れてはならず、将来の福祉専門職として自己研鑽を行い、個人の人間的な成長も促す。また実習施設、機関の主役である利用者への接し方を学ぶことは相談援助の基本を学ぶことでもある。

　利用者に接する際の基本視点　①利用者に対しては尊厳、節度を持って接する。②利用者にとっての「生活の場」であるという意識を持ち行動する。③利用者に対する言葉遣い（流行語ではなく敬意を持った標準語）、態度には十分に注意を払う。④利用者に対して接する際は、まず積極的にはっきりと挨拶、相手の名前で声かけを行う。⑤利用者には公平、中立に接する。⑥利用者に頼まれたこと（その場で判断できないこと等）に関しては、自己判断せず、必ず実習指導者もしくは実習担当教員に相談し対応する。⑦利用者からの金品等は絶対に受け取らない。また金品等を渡さない。⑧利用者と軽々しく約束ごとをしない。⑨実習中は福祉専門職倫理である守秘義務を厳守し、実習中に知り得た情報は口外しない。⑩利用者と交流する際は、利用者の表情、しぐさ、パーソナルスペース（心理的距離）に十分留意を払う。⑪バイスティックの7原則（ケースワークの原則）を活用する等、積極的な傾聴を心がける。⑫家族、身内等のプライベートな領域には深入りしない。⑬利用者との関係は実習中の限られた範囲であり、自分が知り得た情報はきわめて部分的な一側面であるという認識を持ち接遇を行う。等である。

2 様々な利用者との交流のポイント

　実習中、様々な障害や生活上の困難を抱える方々と触れ合う機会を持つ。そのなかで、その利用者とのことをすべて理解したかのような錯覚に陥る。しかしそれは単なる体験である。まずは利用者の障害、特徴をしっかりと理解し、様々な角度から状況を把握することを心がけたい。

　障害者施設での交流　障害の程度に左右されず、全人的な接し方を心がける。特に障害者のなかには「実習生を育てるのは私たち」という意識を持つ方々も多く、積極的な関わりと謙虚なコミュニケーションの姿勢が重要であるが、利用者の方の障害の起因に関することには慎重を期することが望ましい。

　高齢者施設での交流　人生の大先輩として、常に笑顔で尊敬の念を持って関わることを心がける。また傾聴、共感的態度で、身体的支援、観察等を含めながら、心遣いを持って接することが必要である。

　児童施設での交流　様々な養育歴を持つ児童の場合、肯定感を持ち共感的態度で接することが必要である。ただし誤った行為に対しては、非審判的かつ具体的説明を加えながらコミュニケーションを行うことが必要である。また障害児に対しては、障害の特徴を理解し、良好なラポール（信頼関係）を築くよう心がける。

第4部　よりよい実習にするためのコツ　　127

71 相手への寄り添い方（傾聴）とは？

Answer 　　傾聴とは、「意識を集中させてクライエントの語ることを『聴く』こと」（山辺 2015:
106）といわれる。山辺（2015）によると、傾聴する支援者を前にしたクライエントは、関心を持っ
て聴いてくれるという実感を持ち、ニーズ充足や問題解決へのクライエントの動機づけを強める。
そして、傾聴は聴いていることを非言語的に伝えることも含んでおり、質問をすることによって
クライエントの話を引き出していくということも重要とされる。一方、寄り添いについて藤井
（2017: 64）は、以下のように述べている。寄り添う者は、「目の前の人を、価値ある存在として受
け入れることができるか」「あるがままのその人の存在を、価値あるものとして受け入れること
ができるか」ということが問われるというのだ。つまり、クライエントがどんな状況にあったと
しても、傾聴を通してクライエントに価値を見出すことが、寄り添いということになる。

　実習では、障害等により利用者の話がよく聞き取れないこともあるだろう。そこで実習生は、
何度も聞き返すのは申しわけないと思ってわかったふりをしたり、その利用者とのコミュニケー
ションを避けたりすることがある。それでは、その人の価値を見出すことは難しい。つまり寄り
添うためには、寄り添う側の姿勢が問われてくる（藤井 2017）のである。実習生には、コミュニ
ケーションの難しい利用者に対しても、非言語的なコミュニケーション技法も取り入れ、真摯に
傾聴することが求められる。コミュニケーション技法の工夫については、自分で考えるのもいい
が、利用者本人に聞いたり、職員にアドバイスを求めたりしてもよい。

　また利用者と行動を共にするうちに、利用者が過去の辛い体験や理不尽な体験など、深い話を
してくれる場合もあるだろう。想像を絶する話に、実習生はどう応えてよいか、判断に困る場合
もあるかもしれない。そんなときは、傾聴の基本通りじっくりと利用者の話を聴くだけでもよい。
利用者は語ることによって自分の人生を振り返り、自分の人生の意味を生成する（久保 2003）こ
とができるのだ。だから、非難せずに自分の話をじっくり聴いてくれる、耳を傾けてくれる人が
いるということは、利用者にとって大きな助けとなる。利用者は実習生を信頼して話してくれた
のだから、話が終わった後、「（私を信頼して、）話してくれてありがとう」といったお礼をいうとよ
い。その言葉によって、利用者は話した行為に肯定感をもち、自分が話したことについて自分の
なかで意味づけをすることができる。実習生が傾聴することによって、そんな支援効果も期待で
きるのだ。

　一方で、ほとんど話してくれない利用者もいるだろう。なぜ話してくれないのかについては、
実習生を歓迎していないのか、もともと話したがらない人なのかなど、理由は様々であろう。な
かには、攻撃的な態度があり話しにくい利用者もいるかもしれない。実習生はいろいろな利用者
と出会うだろう。どんな利用者に対しても、傾聴の態度を示し、その利用者の価値を見出そうと
する寄り添いの姿勢は、大きな支援になることを忘れずに実習に臨んでほしい。

72 甘えと受容との線引き

Answer　　ソーシャルワーカーは利用者の生活場面に接することが多い職種であるため、多少の"甘え"と感じられる訴えであっても、出会ったばかりの初めのうちは、一度は"受容"してみることが基本姿勢である。それは、人間関係は少なからず依存関係で成り立つ部分もあるためである。すべての甘えの受容がいけない、とはいえないのである。日常生活を送る上では、甘えの部分は誰にでもある。特に利用者が児童である場合、その甘えが愛着行動に関連する場合もあるし、援助者が信頼できる大人かどうかを無意識に試す、試し行動である場合もある。しかし、ソーシャルワーカーの仕事は自立支援が大前提であり基本である。よって、その甘えと捉えられるような訴えが、デマンド（Demand：希望・要望）であるのか、ニーズ（needs：必要性）であるのかを見極めることが重要となる。

　児童を例に考えてみよう。ある児童養護施設で、夕食の時間になってもテレビの前でテレビゲームに夢中になり、いくら呼んでもみんなが待つテーブルに着席しない児童がいた。普段、児童たちに毅然とした態度で生活指導をしている実習指導者が呼びに行ったものの、実習指導者もその児童も一向に戻って来ない。食事も冷めないうちにと、実習生がその実習指導者を呼びに行くと、実習指導者は児童と一緒になってテレビゲームをしているではないか。実習生は一瞬驚いたが、そのとき、その児童が少し泣きながらテレビゲームをしていたことに気づいた。この実習指導者の対応は、その児童にあった背景や性格を理解していたがゆえの機転を利かせた対応であった。後に実習指導者より、その児童の行動は、甘えの習慣に繋がらない一時的なものであることまでも見極めていて、ここぞ、というときの生活場面面接であったことをうかがった。ポイントとなるのが、その児童の背景と行動でデマンドとニーズを見極めた、ということだ。

　高齢者を例に考えてみよう。高齢者施設で、初対面である車いすの高齢者が実習生のあなたに「へい、お兄ちゃん、車いすを押してくれ」「車いすを押してくれよ」と何度も頼んできた。「この方の車いすは、押してもよいものか、車いすを押すことによって機能訓練の邪魔をしてしまうのではないか」と考えているうちに、それを確認する施設職員が周囲にいないことに気づいた。そっと車いすを押して歩いていると、実習指導者より「その方、ご自分でできるの、見てたでしょ、なんで手伝うの」と注意を受けてしまった。この利用者の訴えはニーズではなく、デマンドであったわけだ。

　このように甘えと受容の線引き、デマンドとニーズの見極めは、利用者の背景や性格、環境などを理解していないと判断に迷う部分である。しかし、だからといってその部分から逃げてばかりいても成長しない。その部分に関しては、失敗しながら覚えていく、あるいは身につけていく必要があるのかもしれない。

第4部　よりよい実習にするためのコツ　　129

73 問題への対応から予防へ

Answer 　起こった問題に対して適切に対応するのは重要である。一方で虐待などの問題では事態が深刻化する前に、予防的対応をする必要がある。ここで、予防の概念について復習したい。よく知られている予防の考え方に、カプラン（1970）の３つの予防がある。そこでは、地域レベルでの問題発生の減少を目指すことを第一次予防、発生した問題に対し早期発見・早期介入を図ることを第二次予防、介入後の機能維持や生活維持を図ることを第三次予防と定義されている。問題の発生を完全に防止することは難しいという観点から、ソーシャルワークの予防的機能では、問題が起こらないようにする未然の防止策だけではない、総合的なアプローチが求められている（木戸 2017）。つまり、問題の深刻化を予防するような対応が重要になっているといえる。

　例えば、高齢者施設のデイサービス部門にあなたが実習に行った場合を想定してみよう。良好な関係性が取れ親しくなった利用者が、最近元気がなく、いつも楽しんでいるレクリエーションにもあまり乗り気ではない状況を仮定しよう。実習生は受容と傾聴の姿勢を持って話を聞いていくなかで、家族のなかで問題が起きており、その高齢者の年金が家族により使われている事実を知ったとする。利用者は、「家族内の問題を自分で解決しようとしているがうまくいってはいない、これからどうしたらいいのか見当がつかずに実は困っている」といった思いを表出したとする。実習生は、そこで顕在化したニーズをキャッチし、人権が大きく脅かされるような事態に発展しないように、いわば問題の深刻化を予防するために、利用者本人や職員らとともに対策を考える。これが主に第二次予防の支援である。

　一方、あなたが地域包括支援センターに実習に行ったとしよう。そこでは地域の高齢者の問題を主に扱う。認知症の本人や家族、地域の人たち、医療・福祉・介護の専門職らが気軽に話し合いながら、日常のことから認知症の専門的なことまで話す「認知症カフェ」の運営を支援する活動に携わる場合もあるだろう。これは、住民プログラムや地域支援活動などを通して行われる、潜在的ニーズの掘り起こしの支援であり、第一次予防の支援に該当する。ここで仲間を作ることにより、孤立予防や虐待予防に繋がることは少なくない。

　今まで行われてきた事後対応型の支援のなかには、三次予防的観点もある。これは例えば、深刻な虐待を受けて施設入所に至った利用者に対し、施設での生活維持を図る場合などがあてはまるといえる。

　どのレベルの予防に焦点をあてて支援を行うかは、機関の役割や機能によって異なる。いずれにしても、問題が深刻化する前に、利用者の人権が大きく損なわれる前に、予防的に介入することがソーシャルワークの重要な機能であることを念頭に置いておいてほしい。

74 個人差から個性へ

Answer 　個人差と個性はどう違うのだろうか。『日本大百科全書』によると、個人差とは、「身体的・精神的諸特性についての個人ごとの差異」とされ、個性とは「ある個体に備わる独自の本性……、その人をその人たらしめる独自の本性」と解説されている。また、個性は社会的に認められることから、「個性を社会的に承認された差異」（山岸 2009: 4）と考えるのが妥当であろう。つまり個性とは、その人そのものであり、さらに狭義に表現すれば、社会的に承認されたその人の本質といってもいいだろう。

　学生の皆さんも日々の生活のなかで、食べ物の好みが友人と合わなかったり、得意な学科が違ったりすることは体験しているだろう。そのようなとき、好き嫌いや得意なことには個人差があるからと互いの違いを認め合っている等かもしれない。また一方で、好きなアーティストの作品を見聞きして、「この人の作品は個性的だ」等と称賛しているかもしれない。個性とは、その人の内側にある思想や力が、音楽や絵画等といったような形で表に出たとき認識され、その人独自の世界があることが他者にもわかるのである。その人の奥深くにある内なる力や考えは、その人の本性であり、個性である。たとえ、他人と比べて特別に秀でている面はなくても、すべての人はそれぞれの内面に独自の考え方や力を有しているのであり、それがその人の固有性を構成している。すべての人の尊厳を守るというソーシャルワークの使命は、すべての人の個性を守ることにも繋がってくるといえるだろう。

　実習に行くと、様々な利用者がいることがすぐにわかる。背の高い人も低い人も、怒りやすい人もいれば、よく笑っている人もいる。それは一見しただけでは、外見上の差であり、個人差である。では、すべての人の尊厳を守るという観点から利用者を見るとき、何に着目すればいいのだろうか。ソーシャルワークのグローバル定義（IFSW2014）を参考にすると、「ソーシャルワーカーの役割は、人の尊厳を保持し、その多様性を尊重し、福利を向上させるために、人々や様々な構造に働きかけること」（福山 2017: 20）といえる。その人の個性を見つけ、尊重し、福利向上のためにその個性を発揮する機会を様々な環境に働きかけて、保障すること。それは、その人の尊厳を守ることに直結する重要な支援といえる。

　大抵の実習では、利用者と関わる時間を多く持つことができる。そのなかで、実習生は利用者を受容し、傾聴していく過程で、その人の考えていること、思っていること、感じていること、つまりその人の内面や、内面に裏打ちされた外的な表現がわかってくることがある。利用者理解がすすみ、その人の固有性、個性がわかってくるのである。個性がわかれば、その人の個性を発揮する権利を社会のなかで最大限に尊重するために、いわばその人たらしめている本性が社会のなかで十分に受け入れられ尊重されるために、ソーシャルワーカーは働きかけることができる。個性を見つけて認めるという利用者理解は、ソーシャルワーク支援の始まりなのである。

　あらゆる人には個性がある。それを学生が実習で見つけられるかが、重要なカギとなるといえる。

75 相手（利用者）との上手な別れ方とは？

Answer　　　実習生が体験する利用者との別れは大きく分けて、実習終了による別れ、利用者の退所に伴う実習中の別れ、高齢者施設などで起こる死別の3種類がある。

　一つ目の実習終了による別れについては、あらかじめ準備することが可能である。実習にはソーシャルワーク支援の期間と同様に決められた期間がある。利用者との支援関係は期間限定であるから、実習はソーシャルワーク支援と同様、出会いのときから別れを意識して行う必要がある。支援目標が達成された場合の期間終了は、利用者のいわば「卒業」である。同じことが実習にもいえる。実習を終了するということは、実習生が各自の達成目標を達成したか、その状態に近づいたときである。そのような場合は、利用者もまた実習生との間で得たものがあるだろう。実習生のいわば「卒業」を利用者も実習生も喜んで迎えるためには、初めから実習期間や立場を明示し、別れを意識して、利用者に関わることが必要である。実習終了時には感謝の気持ちを互いに表明して別れることができるように、実習指導者と相談しながら利用者との別れ方についてプロセスを踏んで考えていくとよい。では短期間で別れるのになぜ、実習で利用者と関係を築く必要があるのだろうか。それはソーシャルワーク支援と同様である。機関の利用制限があるなか、支援目標が達成されていない場合においても、ソーシャルワーカーは利用者と別れなければならないときもある。そういった多くの限界のなかで支援は行われている。人はみな限界のなかで生きているから、人は互いに機会を見て繋がりを求め合うのだろうと考えることができる。だからこそ、実習という機会に繋がることができた利用者と実習生の関係は貴重なのだ。

　二つ目の利用者の退所に伴う別れを考える。退所が支援目標を達成した際のものであれば喜びのなかで別れることができるだろう。しかし、利用者が他の入所者に危害を加えたことや、利用者の課題はまだあるものの施設利用の制限からこれ以上関わることはできない、などの理由による不本意的な退所もあるだろう。ここでもまた、限界のあるなかで繋がりを持つことができたことに対し、その意義を互いに確認し、プラスのフィードバックを持って別れることができたらよい。

　三つ目の加齢や病気に伴う利用者との死別を取り上げる。今まで一生懸命に生きてきた利用者に敬意を払い、多くの施設利用者と職員で見送る施設は多い。故人を偲んで、様々な形でお別れの会が持たれる場合もある。それぞれの施設利用者や職員にとって、故人はどんな存在であったのか、思い出を分かち合い、お別れをするのである。実習生は死別に対して、複雑な感情を抱くこともあるかもしれない。しかし実習生もそこにしっかりと参加し、死を受け止め、語り合うことが重要である。人は究極的には死によって別れる。故人が人生の最期まで生き切った様を、今まで繋がってきた人々とともに語り合い、実習生自身のなかに故人を位置づけることを通して、故人となったその利用者と上手に別れることができる。そして実習生自身は、次のステップに進むことができるといえる。

76 実習最終日を迎えるにあたって留意することは？

Answer　実習最終日。実習をやり遂げたという達成感、実習を終えた安心感、それまでの疲労が重なるこの日は、気を抜いてしまいがちではあるが、実習期間中の特別な日の一つであることを心得ておきたい。

　実習最終日には、実習評価会や実習のまとめなどを行うことが多い。これまでの実習記録をよく読み返して、実習での様々な経験から何を感じたかを実習最終日までにまとめておくとよい。

　実習最終日は、これまでお世話になった実習指導者はもとより、施設長をはじめとして、直接的に指導を受けたかどうかにかかわらず、職員には可能な限りていねいに挨拶をしたい。施設や事業所は、常に全職員が事務所に揃っているとは限らない。必ずしも、職員全体に挨拶する機会はないかもしれないが、朝礼のときや実習を終えて退勤する際などのタイミングを見計らう。実習生が施設を後にする際に、お世話になったり、励ましてもらったりした職員が事務所に不在である可能性もある。事前に勤務表などを確認して、最終日に会うことができそうにない職員には、最後に勤務を共にする日に、お礼や感謝の言葉を伝えておくことも必要だ。また、最後に施設を後にする際にも、その場にいる職員には挨拶をする。その際は、荷物を持ったままではなく、きちんと下に置いてから挨拶をするなどのマナーにも気を配りたい。

　実習生控室の片づけは、実習最終日にきちんと行いたい。実習記録や課題を作成するためのメモなどを忘れてしまうことは、うっかりでは済まされない。個人情報の管理がずさんであると思われ、実習全体の信頼を失うことにもなりかねない。また、実習中に実習先から貸与されているものなどがあれば必ず返却すること。実習生の私物を実習先に忘れて帰ることのないようにも心がけたい。

　また、実習最終日を迎えるにあたり、実習施設での利用者との関係が一旦終結を迎える。利用者との関係が深い場合、実習がいつ終わるのかは事前に伝えておくべきだろう。特に心理的に傷つきやすい子どもや障害のある人には、十分に時間をかけて関係を終えることを心がけたい。

　利用者によっては、別れにともなって寂しさや悲しみを表出する人がいるかもしれない。彼らの感情をしっかりと受け止め、相手が理解できるような言葉や態度を示したい。利用者が示してくれる言葉や表情は、評価票や成績票には表れない実習生に対するメッセージである。逆に、利用者からあまりよい反応を得られなかったという実習生は、落ち込んだり、利用者を非難したりするのではなく、現状を真摯に受け止め、その理由を考えることを通して、学びを得ることができることを忘れてはならない。利用者によっては、素直に寂しさを表現できない場合もある。その利用者なりの表現方法であるかもしれない、と考えることも重要である。利用者のそうした様子に悩む場合には、実習指導者や実習担当教員との相談が必要である。

第4部　よりよい実習にするためのコツ　133

77 実習終了後の実習先との関わり方

Answer 相談援助実習では実習終了後においても、いくつかの課題が与えられている。一つは実習で経験した相談援助過程での学びを、ソーシャルワークの枠組みとして整理、評価し、実学化すること。つまり実習の学びを自己覚知し、将来就くべき専門職像にいかに近づけるかの点検を行う段階。そしてもう一つは、お世話になった施設、機関に対して敬意を表するマナー実践の側面である。施設、機関へのお礼状を通して感謝の気持ちを伝えることで、専門職業人、社会人としての自己を磨き、かつ人間的成長へとつなげる。後に続く後輩に対しても、施設、機関が今後の継続的な実習受け入れの可否を問う評価指標にもなりうる。

1　実習終了時の確認事項　①実習期間中使用させていただいた部屋は整理、清掃を行い、宿泊実習の場合においては借用した寝具類の整理等を指示に従い実施する。ロッカー等の鍵、その他の借用物品は必ず返却する。また食事代等の諸経費がかかっている場合は必ず精算を行う。②実習最終日に実習記録を提出することが望ましいが、記載が不可能な場合は、実習指導者に後日提出する許可を得る。また記録の受け取りに関しても日時等を確認する。

2　実習終了後の利用者との交流　学生にとって実習は初めての現場体験でもある。また、実習中における学生の変化、成長を確認し、評価してくれる利用者の方々もいる。そして有意義な実習成果を得た学生の多くは、実習終了後も利用者との交流を深めたいという申し出をしてくるケースもある。しかしながら、実習において築き上げた利用者との関係性は、実習期間中の部分的側面にしかすぎない。言い換えれば、実習という期間、環境のなかで、その利用者の人生の一部分のみに関わっただけかもしれないのである。学生としては、その点をしっかりと自覚し、実習終了後に実習先の利用者との交流を希望する場合は、必ず施設、機関側に目的を伝え、許可、指示をあおぐ必要性を忘れてはならない。また異性の利用者から好意を持たれ、連絡先等を求められる学生もいるため、個人的関係に関しては慎重な態度で臨む必要がある。しかし、その他の実習終了以降のボランティア活動等に関しては、勉学の支障にならない限り、将来のソーシャルワーク実践の糧となるため積極的に行うことが望ましい。

3　お礼状の作成　お礼状に関しては、実習を終えて1週間以内に郵送することが一般的である。形式としては施設、機関の長だけではなく、指導を受けた実習指導者、様々な実習場面において協力いただいた利用者の方々への配慮も大切である。その際、利用者の方々にも見ていただけるよう掲示する施設もあることから、利用者宛のお礼状の場合は施設長、実習指導者とは異なる内容が理想的である。表現としては簡潔でもよいが、実習中のエピソードや学びとなった事柄等を素直な言葉で表するなど、誠意が伝わることを心がけたい。なお、複数学生での実習を行った場合は、個々人で出すか、代表者を決めるかを事前に調整することが大切である。また、現在日常化しているSNSやメール等のお礼状は、実習の学外授業としての位置づけの観点からできるだけ避け、白い便箋を用いるのが望ましい。ポイントとしては、①実習を終えられたことへの感謝の気持ち、②実習で学んだ貴重な体験、③実習での経験を今後どのように活かしていくのか、などを記載することで学生自身の自己覚知と学びの効果を相手に伝えることが大切である。

78 アフターケアの意義について

Answer　　実習生は、実習中に多くの利用者や患者、地域住民と出会う。地域や利用者、患者の抱える課題を知り、その課題を抱えながらも患者の持つ強み等に触れ、専門職と関わりながら課題解決に向かう過程を経験するなかで、社会福祉士になるという目的が明確化されることもある。一方で、地域や利用者、患者の抱える課題に圧倒される、あるいは混乱した場面を見て、恐怖や不安を感じることもある。拒否されたり、感情をぶつけられることもあり、それがネガティブな経験となり自信がなくなったり、無力感等を感じることもある。実習指導者とのスーパービジョン、あるいは実習巡回の際にその場面を語り、恐怖や不安、自信を失っていることや無力感を語ることができれば癒されるきっかけが得られる。しかしながら、学生によっては話すことを躊躇したり、恐怖や不安を感じてはいけないと自分の感情を否定したり、話すこと自体を諦めてしまう者もいる。明らかに意欲が低下したり、利用者や患者と関わることを怖がって避けたり、消極的になる者もいるし、実習自体は滞りなく終わったけれども、エピソードを語りたがらなかったり、踏み込んだ実習の振り返りを避ける者もいる。実習指導者や実習担当教員は、実習生の変化を敏感に感じとることが求められ、特にネガティブな経験については、ていねいなアフターケアが求められる。ネガティブな経験をそのままにすると、その経験が凝り固まってしまい、自分のなかの解釈をあたかも真実のように感じてしまう。実習担当教員は、実習生がネガティブな体験を語りやすいように時間や空間、雰囲気などに配慮し、実習生のペースに合わせて語れるように働きかける。実習生同士のグループディスカッションの際に、あえてネガティブな体験を話題にし、誰もが似たような経験があることを共有すると、躊躇する思いや蓋をした感情について語りやすくなる。仲間と語り合うなかで、ネガティブな経験をしているのは自分だけではないと感じることができたり、打ち明けてもいいのだと感じてもらうことができる。気にかかることや腑に落ちないことなども同様である。実習を経験した仲間に思いを語ることで癒されたり、経験には多様な解釈があることに触れることで落ち着きを取り戻し、理論と実践を結びつけて理解する下地ができる。学生のなかには、「なんでも話していいよ」と声をかけられても、実習指導者や実習担当教員に叱られるのではないか、嫌われるのではないか、実習評価が低くなるのではないかと恐れ、思いを自由に語ることができない者もいる。しかしながら、学生にはどんなに怖かったか、不安だったか、そのときに利用者や患者に対してどういう思いを抱いたのかなど、思いを率直に語ることの意義を説明し、教員は話すことができるよう支援することが重要である。

　実習中にネガティブな経験をした際は、実習指導者がケアすることになるが、ネガティブな経験を今後の実践にどのように活かしていくのかを共に考える姿勢が求められる。実習指導者は学生がネガティブな経験をしたときには、タイミングを逃さずスーパービジョンの時間を取ることが重要である。実習指導者が実習生のネガティブ体験をうまく共有できない場合には、ぜひ実習担当教員に相談してほしい。実習指導者自身もネガティブ体験を経験した学生との関わりがネガティブな経験になるのは望ましくない。実習担当教員は実習生のみならず、実習指導者をも支える役割があることを忘れてはいけない。

第 4 部　よりよい実習にするためのコツ　　*135*

79 専門性・事業の縦割りの限界

Answer　戦後、日本の社会福祉研究者たちは、未成熟な社会福祉学という学問領域が他とどう異なるのか、すなわち、分野の固有性や特異性の明確化に力を注いできたが、近年では、社会福祉学と近接領域とがいかに協働できるかが問われ始めている。学際的アプローチのほか、専門職と非専門職との協働や、NPOや有償ボランティアなど新しい形態も誕生している。

一方、事業や行政の縦割りがもたらす弊害が問題視されて久しい。他課との些細なコミュニケーションにより解決できそうな問題もあると考えられるが、その垣根を越えることは容易ではなく、その入り口にもたどり着けない実情がある。以下、身近な具体例を用いて検討しよう。

第一に、幼保一元化にまつわる問題である。幼稚園は学校教育法に基づき、文部科学省が管轄し、保育所は児童福祉法に基づき、厚生労働省が管轄するが、根拠となる法律が異なるため不都合が少なくない。通常、子どもを預け、集団で生活させるための施設である保育所と幼稚園が近接することが多い。しかし、幼稚園教諭の免許では保育所で保育士として勤務できず、同様に、保育士の資格では幼稚園教諭として幼稚園で勤務できず、免許制度も異なっているため、認定子ども園などでの勤務を考える場合、いずれか一方のみでは就業に支障が出ることになる。

第二に、県庁と市役所（特に、都道府県庁所在地）とが混在し、例えば、戸籍に関する諸手続き（出生届など）は各市町村の役所でしか行わず、県庁では同様の手続きが行えないため、市役所が県庁より遠い場合であっても、遠方まで赴くことになり、不便である。

第三に、工事に関する事例としては、同じ場所での工事であっても、他部署で別個の事業のため、一度に済ませられる工事を何度も分けて行ったりしなければならない。これは工事期間、予算のつく時期の違い、さらに、そのためによる受注業者の違いなども関係しており、非効率的なものとなる。また、農林水産省の下水道や農道に並行して、国土交通省の下水道や国道が敷設されている例などもある。

第四に、一つの物事について、省庁間の役割が曖昧になるケースである。例えば、公園の遊具で事故があった場合、対策改善は「教育を所管する文部科学省」「安全を司る厚生労働省」「製品規格を規制する経済産業省」「建設設置を行った国土交通省」がそれぞれ別個に行うことになり、責任が多方面に分散されるため、各省庁で負うべき責任の所在が曖昧になる。

第五に、原発問題を見ても、除染は環境省の管轄だが、賠償は文部科学省、避難区域の見通しは経済産業省の管轄となっているため、一筋縄ではいかない。各省庁には相談窓口があるが、それらをすべてまとめて相談しようと思っても、「それは○○省の管轄なのでそちらに聞いてください」といわれてしまう。これを解消すべく設置されたのが「復興庁」であったが、現状を見る限り、十分に機能しているとはいいがたい。それは、復興庁に与えられた権限が「各省庁に勧告を行うこと」でしかなく、実際に他の省庁に勧告を行っていたとしても、省庁が動いていないことがいくつもあると指摘される。

このほか、障害の種類（身体・知的・精神）による縦割りの弊害を解消すべく、障害者自立支援法が成立したが、「縦割り」から「横つなぎ」への転換と、制度の狭間にも注視する必要がある。

80 社会問題の重層化

Answer　ここでは、子育て支援の問題を事例に考えてみたい。わが国では第二次世界大戦後、高度経済成長を背景として産業構造の変化や都市化が進んだ。この動きは一方で、家族の小規模化（核家族化）、人口の過密化・過疎化を推し進め、とりわけ、地方都市や中山間地域などでは、三世代機能の弱体化、地域コミュニティの弱体化、子どもの居場所の減少、子どもの数の著しい減少といった問題をもたらした。大都市でも子育てにおける父母の負担はますます増大し、「男女共同参画社会の実現」が求められ、1970年代半ば頃から進んだ女性の社会進出も一因となり、少子化問題や人と人との関係の希薄化をさらに深刻なものにしている。

　近年では、結婚しても子どもを産まない、あるいは多くを産もうとしない夫婦も少なくない。この背後には「仕事と子育ての両立の負担感・不安感」や「現代の子育て家庭の負担感・不安感」などの問題がある。ここでいう負担感・不安感について、大豆生田（2014: 10）は、多くの母親が口にする「こんなはずではなかった」という言葉に着目し、「イメージとあまりにもかけ離れて……」「育児を担う負担感に押しつぶされて」「社会から疎外される不安」「夫の理解がない」「自分がこんなに短気だったなんて」などの要因を指摘する。さらに、そもそも現代の親世代にとって、親になる前に親になる上で必要な経験が不足しており、上記の社会構造の変化が前の世代からの伝達をいっそう困難にしているという。

　他方、「自分は育児不安・育児困難とは無縁」と考えている母親にも問題が潜んでいるとされる（大豆生田 2014: 11）。それは、理想的で完璧な母親を演じるタイプと、子育てにまったく無頓着な母親タイプに見られ、いずれも率直に悩みを吐露しにくいため問題の根が深い。つまり、明らかに子育てに悩んでいる母親以外の、一見元気に子どもと向き合っている層のなかにも、問題を抱えた層が一定数いると考えられ、こうした視点の欠落が問題の潜在化に繋がりやすい。子育てへの親の意識を見てみると、「子育ては大変、しんどい」という回答が多い反面、「子どもがかわいい」「子育てが楽しい」などの意見があることも注目すべきである。子どもを育てることに幸せを感じつつも、イライラしたり、不安になったりするのである。つまり、楽しさ（幸福感）と不安感が同居するのが母親の子育て意識であり、そうした特徴を把握することも重要である。視点を子どもに移すと、子どもの健全な育ちを阻害する問題も看過できない。例えば、初語の遅れ、テレビ漬けによる無気力化、普通の子どもに見られる自閉的傾向、若い世代に多い人間嫌い現象など、乳幼児期からの育てられ方や環境の影響が少なくない。加えて、コミュニケーションの体験不足、社会性の欠如、実体験の欠如、過干渉、教育の過熱化などによって、子ども自身にも成長・発達に遅れや偏りが生じることもある。

　社会・親・子どもという、子育てをめぐる問題の重層化に対し、いかに対応すべきか。ここでは、①親や家族を支える、②子どもの健全な育ちを支える、③支え合いを形成する社会制度を支えるという3視点が大切であり、特に、②の子どもの育ちそのものへの支援が強調されなければならない。「子育て支援」と「子育ち支援」の両立のために、保育、福祉（ソーシャルワーク）、介護（ケアワーク）、教育、医療、看護などの連携による学際的アプローチの強化が求められる。

第4部　よりよい実習にするためのコツ　*137*

81 厚生労働省が示した相談援助実習の新方針

Answer　「2025年に向けた介護人材の確保——量と質の好循環の確立に向けて」や「ニッポン一億総活躍プラン」などに象徴されるように、地域包括ケアシステムの構築や地域共生社会の実現が目指されている。社会福祉士の活躍の場は多様であり、現場実践を通じてQOL（生活の質、人生の質）やWell-being（福祉）を高めることが求められる。地域住民が主体的に地域課題を把握し、解決を試みる体制をつくるために求められるソーシャルワーク機能としては、例えば、潜在的なニーズ把握、地域福祉への関心の喚起、役割を担い合うという意識の醸成、地域住民のエンパワメント、連絡・調整などのコーディネート機能、「我が事・丸ごと」の実現、公私関係形成の支え、新たな社会資源の創出、包括的な相談支援体制づくりなどが挙げられる。

　こうした機能を十分に発揮するには、その土台となる相談援助実習教育の充実・強化が欠かせない。そこで、第14回社会保障審議会福祉部会福祉人材確保専門委員会による「ソーシャルワーク専門職である社会福祉士に求められる役割等について（案）」（2018年3月）を紐解こう。実践能力を有する社会福祉士の養成にあたっては、ソーシャルワークの知識・技術を統合し実践に結びつけることが求められ、とりわけ、実習教育では以下の点に留意する必要がある。

※実習では、実習指導者から個別の相談援助に加え、多職種連携、アウトリーチ（積極的な介入）、ネットワーキング、社会資源の活用・調整・開発等について、具体的かつ実際的な理解を深め、実践的な技術等を体得するために指導を受けることが目的とされるが、現状ではこれらを実習プログラムに組み込むことができておらず、職場の業務内容の学習に留まっているケースが多い。この点に関し、アクティブ・ラーニングの教育方法や海外のソーシャルワークも含めたフィールドワークなども参照しながら、より実践的なカリキュラムを考案する必要がある。

※複雑化・複合化した個人や世帯の課題を適切に把握し、現状のサービスでは解決できない問題や潜在的ニーズに対応するために、多職種・多機関と連携・交渉を行い、支援をコーディネートしながら、課題を解決するだけではなく、課題の解決に向けて地域に必要な社会資源を開発できる実践能力を有する人材を実習教育を通じて養成していかなければならない。

※現行の「相談援助実習」を基幹的なソーシャルワーク実習として位置づけるなど、実習科目の時間数増加とともに、総合的・段階的かつ多様な実習教育が行えるように配慮する。

※社会福祉士の地域貢献や地域創生を視野に入れ、中山間地域や離島といった人材の確保や育成が困難な地域において、地域住民等との連携を実践的に学び、個人、世帯、地域のアセスメントを行うとともに、地域に必要な社会資源を検討し、その開発を行うなど、地域において包括的な支援の実践を学ぶ実習も重要である。

※卒業後のＵターン就職を見据えた出身地（地元）の実習施設での実習など、現在通っている養成校から遠方の地域の実習施設での実習を強化する。

※実習指導者が学生だけでなく、実習担当教員とも連携を十分に図り、学生の実習状況の共有や実習成果の検討などを適切に行うこと。

参 考 文 献

粟野明子（2009）「目指すのは本人の土俵に立った支援」杉本貴代栄・須藤八千代・岡田朋子編著『ソーシャルワーカーの仕事と生活―福祉の現場で働くということ―』学陽書房.

一般社団法人日本社会福祉士養成校協会編集（2015）『相談援助実習指導・現場実習 教員テキスト［第2版］』中央法規出版.

今西誠子・黒木美智子・田村葉子・山本多香子（2011）「看護実習記録の返却と個人情報保護の両立に向けて―卒前卒後における実習記録の取り扱い状況から―」『京都市立看護短期大学紀要』36，29-36.

大津雅之（2013）「『自己覚知』で必要とされる認知的範囲の枠組み―福祉専門職における倫理綱領からの考察―」山梨県立大学『山梨県立大学人間福祉学部紀要』第8巻，1-12.

大豆生田啓友・高杉展・若月芳浩編（2014）『幼稚園実習 保育所・施設実習［第2版］』ミネルヴァ書房，2014年.

奥野信行（2010）「新卒看護師は看護実践プロセスにおいてどのように行為しつつ考えているのか―臨床現場におけるエスノグラフィーから―」『園田学園女子大学論文集』No. 44，55-75.

加藤幸雄・小椋喜一郎・柿本誠・笛木俊一・牧洋子編集（2010）『相談援助実習―ソーシャルワークを学ぶ人のための実習テキスト―』中央法規出版.

川廷宗之・髙橋流里子・藤林慶子編著（2009）『相談援助実習』ミネルヴァ書房.

川村隆彦編著（2014）『事例で深めるソーシャルワーク実習』中央法規出版.

菊池武剋（2012）「キャリア教育」労働政策研究・研修機構『日本労働研究雑誌』No. 621，50-53.

木戸宜子（2017）「ソーシャルワークにおける予防の考え方―カナダ・ケベック州モントリオールの高齢者虐待予防実践から―」『日本社会事業大学研究紀要』63，67-77.

久保美紀（2003）「ソーシャルワークにおける『聴く』ということ―意味生成の過程として―」『明治学院論叢』690，155-175.

酒井聡樹（2011）『100ページの文章術』共立出版.

社団法人日本社会福祉士会監修（2009）『改訂 社会福祉士の倫理 倫理綱領実践ハンドブック』中央法規出版.

社団法人日本社会福祉士養成校協会監修（2014）『社会福祉士 相談援助実習［第2版］』中央法規出版.

多田ゆりえ・細羽竜也（2017）「自己覚知の定義の構造化と機能の一考察」『人間と科学：県立広島大学保健福祉学部誌』第17号，49-58.

日本精神保健福祉士協会・日本精神保健福祉士養成協会編集（2013）『教員と実習指導者のための精神保健福祉援助実習・演習』中央法規出版.

日本福祉大学社会福祉実習教育研究センター監修（2015）『ソーシャルワークを学ぶ人のための相談援助実習』中央法規出版.

早坂聡久・増田公香編集（2009）『相談援助実習・相談援助実習指導』弘文堂.

早坂聡久・増田公香編集（2018）『相談援助実習・相談援助実習指導［第3版］』弘文堂.

兵庫県社会福祉士会監修，高間満・相澤譲治編著（2011）『ソーシャルワーク実習―養成校と実習先との連携のために―』久美.

深谷美枝編（2009）『ソーシャルワーク実習―より深い学びをめざして―』みらい.

福祉臨床シリーズ編集委員会編（2014）『相談援助実習・相談援助実習指導［第2版］』弘文堂.

福山和女（2017）「社会福祉は『死』とどう向き合ってきたか―生きるプロセスと死ぬプロセスとの交互作用への包括的理解―」『社会福祉研究』128，19-27.

藤井美和（2017）「死生観にかかわる教育―ソーシャルワーク教育における課題―」『社会福祉研究』128，

58-66.

松山郁夫（2011）「自己覚知に関するソーシャルワーク演習の実際─心理劇を活用した相談援助演習を通して─」佐賀大学文化教育学部『佐賀大学文化教育学部研究論文集』Vol. 18, No. 2, 151-160.

南野奈津子（2009）「第5章　実習中の学習計画」川廷宗之・髙橋流里子・藤林慶子編著『相談援助実習』ミネルヴァ書房, 115-140.

八木亜希子（2012）『相談援助職の記録の書き方─短時間で適切な内容を表現するテクニック─』中央法規出版.

山岸倫子（2009）「障害個性論の再検討」『社会福祉学評論』9, 1-11.

山辺朗子（2015）「第2章　多様なコミュニケーション技術　第2節　面接の基盤」日本社会福祉士養成校協会監修『社会福祉士相談援助演習　第2版』中央法規出版, 105-111.

米本秀仁・久能由弥編集（2014）『相談援助実習・実習指導　第2版』久美.

マジョリー・F・ヴァーガス, 石丸正訳（1987）『非言語コミュニケーション』新潮社.

Caplan, G.（1964）*Principles of preventive psychiatry*, Basic Books.（河村高信ほか訳〔1970〕『予防精神医学』朝倉書店）

Mehrabian, A.（1971）*Silent messages*, Wadsworth Pub.

巻末資料（ミニワーク）

【参考資料 1】考えてみよう：実習生の日常生活マナー

（1）実習先との約束の時間に遅れそうな場合、どうすればよいでしょうか？

（2）実習に遅刻や欠席をしてしまった場合、どうすればよいでしょうか？

（3）朝起きて体調が悪い。実習に行くべきでしょうか？

（4）実習期間中にアルバイトやサークル活動を続けてもよいでしょうか？

（5）施設・機関で実施されている援助方法に納得できない場合、どうすればよいでしょうか？

（6）相談援助実習なのに掃除や洗濯ばかりさせられている場合、どうすればよいでしょうか？

（7）実習中に貴重品が盗まれてしまった。どうすればよいでしょうか？

（8）実習生はなぜ、茶髪（金髪）はいけないのでしょうか？（なぜ爪を切らなければならないのでしょうか？）

（9）実習初日から実習に行きたくない場合、どうすればよいでしょうか？

【参考資料 2】 考えてみよう：個人情報保護と守秘義務 (実習場面)

(1) 実習中に利用者のことを細かく書いたメモを落としてしまいました。どう対応したらよいでしょうか？

(2) 公共の場 (電車、バス内など) で実習に関する会話をするのは問題はないでしょうか？

(3) 帰校日に学びを共有する場面で、施設名、実名、実年齢、生活歴などが出るのは個人情報保護の観点から問題はないでしょうか？

(4) 自身の家族に対して実習体験 (利用者情報を含む) を語ることに問題はないでしょうか？

(5) 子ども (利用者) からの個人情報の取得は、個人情報の不適切な取得になるでしょうか？

(6) 過去のケース記録や診療録等の入手は、個人情報の不適切な取得になるでしょうか？

(7) 個人情報開示請求への対応はどうすればよいでしょうか？

【参考資料3】 こんなときあなたならどうする？：倫理的問題への対応

　次のような状況のとき、あなたならどう対応しますか？　具体的な対応方法とその根拠を考えましょう。

(1) プライベートな話　　入所児童（利用者）に、自分の家族のことや普段の生活のことを聞かれました。このようなとき、どこまで話してよいのでしょうか？

(2) 実習時間外の子どもへの対応　　実習時間外に、施設の近くのコンビニで入所児童と偶然会いました。「このジュース買って」といわれました。どう対応しますか？

(3) 実習先での住所やアドレス交換　　実習が終わるとき、ある入所児童（利用者）から「住所と携帯番号を教えて」といわれました。このようなとき、教えてもよいでしょうか？

(4) 服装　　服装などの身だしなみには十分に注意するようにいわれていますが、職員が着ているので、自分も赤いTシャツを着て実習に臨みました。このような服装で実習してもよいのでしょうか？

	対応方法のまとめ	なぜ、そう考えたのか（理由・根拠）
(1)		
(2)		
(3)		
(4)		

巻末資料（ミニワーク）　143

【参考資料4】 実習生の心得

以下の設問が正しいかどうか○×をつけましょう。

設　問	○×
(1) 園内で知り得た子どもや保護者の情報は、実習が終了しても家族や友人に話してはならない	
(2) 保育者や保護者に挨拶をするときは、その日はじめて顔を合わせるのであれば何時であっても「おはようございます」の方がよい	
(3) 実習中の服装は、保育者がどのような服装をしていても、動きやすいジャージの方がよい	
(4) 派手な色でなければ、カラーコンタクトはきれいなので、茶色やグレーならば使用してもよい	
(5) 実習中の髪型は、きちんとまとめるなどして、保育の邪魔にならず清潔感のある髪型を工夫しなければならない	
(6) 実習園の保育者が子どもを呼び捨てにして呼んでいる場合、実習生も親しみをこめれば呼び捨てにしてもよい	
(7) 日ごろから若者言葉の使用は控え、目上の人には敬語で話をするように心がけることはよいことである	
(8) 実習中、携帯電話の電話は控えなければならないが、メールであれば迷惑にならないので使用しても構わない	
(9) エプロンなどに名札をつける際、園の指示に従った上で問題がないようなら、安全を考え安全ピンでとめるより、縫いつけた方がよい	
(10) マニキュアは品のよい淡いピンクやベージュなどの色であれば、子どもたちも喜ぶのでつけても構わない	
(11) アクセサリーは、危険のないと思われるものでも、実習中は身につけてはいけない	
(12) 実習園までの交通手段は、一番早く通勤できる行き方のほかに、念のため違う行き方を調べておくとよい	
(13) 人に何か頼まれたときは、日ごろから復唱し確認するように心がけていると聞き忘れなどなくなる	
(14) 時間がなく、コンビニ弁当を持参する場合は弁当箱に詰め替えて持参する	
(15) 箸を正しく持つことができなくても、箸を使うことができれば問題はない	

【参考資料5】 電話のかけ方：よくある応対マナーと言葉遣い

以下の場合の応対マナーおよびその際の具体的な言葉遣いを考えましょう。

ケース	応対マナー	言葉遣い
(1) 電波状況などで電話が切れてしまった		
(2) 相手が不在のとき		
(3) 何度もかけるとき		
(4) 営業時間外に電話するとき		

【参考資料6】 電話のかけ方：電話時のマナーの実践

　以下の文章を読み、電話のかけ方として適切でない箇所を書き出しましょう。また、その理由も考えてみましょう。

施設：「はい、児童養護施設○○園です」

学生A：「えっと、Aと言いますが、Kさんいますか？」

施設：「はい、お待ちください」

K：「お待たせしました。Kです」

A：「○○大学のAです。今度見学実習に行きたいと思っているんですが、いつ行けばいいかなと思って……」

K：「○○大学のAさんですね。先生より夏休み中に3名で来られると聞いていますが、希望する日程はありますか？」

A：「あっ、ちょっと待っててください」
　（しまった、自分の日程は覚えているけれどB君たちの日程を確認しておくのを忘れていた）近くにいる別の実習生Bに、「アルバイトはいつからだった？」と聞く（この声もKさんに聞こえている）。電話口に戻り、
　「すみません、8月は私が20日から実家に帰るので、それより前でお願いします」

K：「そうですか。こちらのほうも20日までは別の大学の実習が入っているので、できれば9月上旬に来ていただければと思いますが……」

A：「あっ、はあ、それでいつ？」

K：「ご都合の悪い日はありますか？」

A：「バイトの都合があるので、全員で一緒に行けるのは火曜日か金曜日の午後なんですが」

K：「（バイト？）……では、9月6日の金曜日15時でいかがですか？」

A：「（9月6日15時だって。いい？」とメンバーに聞く）「わかりました。それと何か持っていくものはありますか？」

K：「そうですね。当日は園長よりお話をしていただき、その後、園内を見学してもらおうと思っていますので、上履きを持ってきてください」

A：「えっ、筆記用具はいらないんですか？」

K：「ええ、そうですね。持ってきてください」

A：「わかりました。筆記用具ですね」

K：「それと上履きですね」

A：「ああ、そう」

K：「じゃあ、よろしいですか？」

A：「はい、それじゃ、9月6日15時に行きます」（ガチャン）

K：「？？」

適切でない箇所	なぜ、そう考えたのか（その理由）

【参考資料 7】倫理綱領の理解

　社会福祉士の倫理綱領を読んで、①実習に向けて大切にしたい項目を 5 つ選択し、②大切にしたい理由、③今後、その項目に基づき、具体的にどのような行動を心がけるかを考えてみましょう。

(1)	①	
	②	
	③	
(2)	①	
	②	
	③	
(3)	①	
	②	
	③	
(4)	①	
	②	
	③	
(5)	①	
	②	
	③	

【参考資料 8】服装・髪型・持ち物のチェック（保育・児童福祉分野での実習の場合）

各自で、以下のような服装・髪型・持ち物を準備し、お互いに確認し合いましょう。

【参考資料9】倫理的配慮が問われる場面での対応

（1）利用者にけがをさせたり、自分がけがをしたりした場合、どうすればよいでしょうか？

（2）利用者からお菓子をいただきました。どうしたらよいでしょうか？

（3）利用者のことをどのように呼んだらよいでしょう？

（4）質問をしたいけれど、職員（実習指導者）が忙しそうで尋ねることができません。どうすればよいでしょうか？

（5）職員に利用者との関わり方について質問したところ、一人ひとり答えが違っています。どうすればよいでしょう？

（6）実習先で、職員による利用者への虐待場面を目撃してしまいました。どうすればよいでしょう？

（7）実習指導者や職員から実習後、個人的に誘われた場合、どうすればよいでしょう？

（8）利用者から個人的な誘いを受けた場合は、どうすればよいでしょう？

巻末資料（ミニワーク）　149

【参考資料 10】ソーシャルマナーの応用

次のようなとき、どのように対応するのが望ましいかを考えてみましょう。

（1）バスが遅れて遅刻しそうである

（2）廊下で実習指導者ではない職員や利用者とすれ違った

（3）実習指導者に記録を提出するようにいわれ、相談室に行ったら不在で、その後たまたま廊下
　　で指導者とすれ違った

（4）1日の実習終了時の実習指導者との振り返りの際、配布された資料が自分を含めて実習生2
　　名分が足りない

（5）実習指導者に質問したいことが3点あり、電話中だった指導者がちょうど電話を切った

（6）実習中にやることがなく、空き時間ができた

（7）実習中に気分が悪くなってきた

（8）記録を見てくるようにいわれたが、他のスタッフが見ている

（9）怒られたときの対応

（10）面接中にメモをしたい

(11) 席次マナーとして適切な場所を答えましょう

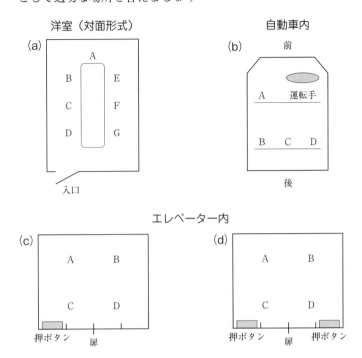

【参考資料11】記録の書き方：観察・分析・考察

(1) なぜ「記録」を書くのでしょうか？ 以下の2つの場面で考えましょう。
◇ソーシャルワークの現場では？

◇相談援助実習では？

(2)「実習日誌」には何を記せばよいでしょうか？

(3)「実習日誌」をどう書けばよいでしょうか？

(4) 次の4コマ漫画を見て、以下に答えてください。

4コマ漫画を見て、客観的に読み取ったストーリーを「観察事実」として下に記述してください。

観察事実

その観察事実についての分析または考察を行い、下に記述してください。

分析・考察

「観察事実」に基づいた「分析・考察」を踏まえ、その後あなたならどのように対応するかについて、下に記述してください。

対応・対処

【参考資料12】ソーシャルマナー・実践編（やる気が出ない場合）

---

(1) 就労支援サービス事業所実習巡回時の面接（学生・指導者・教員の三者）での学生からの発言
　　「ここ1週間は朝来て、利用者さんと体操するところから始まり、午前中には箱折りの作業をして、後片付けと掃除をしています。お昼休みをとって午後からは、別の軽作業を色々としながらまた掃除をして、利用者さんの送迎に同行します。だいたいこんな感じで1日が終わります。わりと掃除の時間も多くて、実習がマンネリ化しています」
　　この発言を聞いて考えたこと、別の発言の仕方はないかを考え、回答欄に記入してみましょう。

答

---

(2) 相談援助実習を3ヶ月後にひかえた3回生によるグループディスカッションでの学生の発言
　　「ここのところ、相談援助実習に向けてやる気がまったく出てきません。社会福祉士そのものへの魅力も薄れてきています。実習の動機と課題や実習計画を作成しているときも、これらに何の意味があるのか……と思い、もっと別のことに時間を有効に費やしたいとさえ感じています。こんな中途半端な気持ちで実習に行き、他のメンバーに迷惑がかからないかとても不安です。……」
　　この発言に対し考えたこと、およびこの学生に対してどう声かけすればよいかを回答欄に記入してみましょう。

答

---

(3) 実習巡回時の面接（学生・指導者・教員の三者）での学生からの発言
　　「指導者から卒業後の希望進路について聞かれ、実習生は『ぶっちゃけ、福祉にあまり関心がなかったが、受かったので入学した。卒業後は民間企業に就職したいと考えている』と答えた」
　　この発言を聞いて考えたこと、別の発言の仕方はないかを考え、回答欄に記入してみましょう。

答

【参考資料 13】 ソーシャルマナー・実践編 （態度・姿勢・身なり）

(1) 高齢者施設（ここでは特別養護老人ホーム）実習巡回時の面接（学生・指導者・教員の三者）での学生からの発言（フロアでの入所者とのコミュニケーションを指導者に尋ねられて）
　　「自分は、お年寄りとコミュニケーションはだいたい取れるほうなので、大丈夫です。この施設では、あまり感染症対策について徹底されていない気がします」
　　この発言を聞いて考えたこと、別の発言の仕方はないかを考え、回答欄に記入してみましょう。

答

(2) 学生から教員への相談
　　実習は17時30分までと聞いていたが、指導者が施設内会議で相談室に不在であった。同室にいる他の職員は、電話対応や書類の作成作業などで忙しそうである。結局、誰にも声をかけられずに、指導者が相談室に戻ってくる19時まで待った。
　　皆さんが考えたことを回答欄に記入してみましょう。

答

(3) 指導者から教員への相談
　　実習生の眼鏡（フレームが赤色）が、実習生として印象が悪いと思い、本人に話をしたが、眼鏡はこれだけしかなく、コンタクトレンズもないという。オリエンテーションのときは別の眼鏡だったように記憶しているが、学校で指導してほしい。
　　皆さんが考えたことを回答欄に記入してみましょう。

答

【参考資料14】 表情・身だしなみ

以下の「身だしなみチェックリスト」を各自でチェック（✓）してみましょう。

「身だしなみ」チェックリスト

※ポイントは、①清潔感、②控えめ、③機能性

	女性	男性
頭髪	□ きちんと整え、ほつれ毛がない	□ きちんと整っている
	□ フケなどはなく清潔感がある	□ フケなどはなく清潔感がある
	□ 前髪・サイドが顔を隠さない	□ 前髪・サイドが顔を隠さない
	□ お辞儀をしたとき揺れない	□ 整髪料の臭いがきつくない
	□ 不自然な色に染めていない	□ 不自然な色に染めていない
顔	□ 健康的で上品なメイクである	□ ヒゲは剃ってある
	□ 口紅の色は適当である	□ 鼻毛は伸びていない
手	□ 爪は伸びすぎていない	□ 爪の汚れはない
	□ マニキュアは濃すぎない	□ 爪は伸びすぎていない
服	□ 服の汚れはない	□ 服の汚れはない
	□ ほころびやボタンの取れはない	□ ほころびやボタンの取れはない
	□ ポケットに物を詰めすぎていない	□ ポケットに物を詰めすぎていない
	□ 不必要なものを身につけていない	□ ズボンを腰ではいていない
その他	□ 名札は所定の位置についている	□ 名札は所定の位置についている
	□ 靴は汚れていない	□ 靴は汚れていない
	□ 靴のかかとは踏んでいない	□ 靴のかかとは踏んでいない
	□ ストッキングの伝線はない	□ 靴は臭わない
	□ ハンカチを持っている	□ ハンカチを持っている
	□ 不要なアクセサリーはつけていない	□ 不要なアクセサリーはつけていない
	□ 香り（香水）・臭い（口臭・体臭）はない	□ 香り（香水）・臭い（口臭・体臭）はない

索　引

ア　行

アイコンタクト　22
挨拶　51, 66, 69, 121, 133
アウトプット　58
アウトリーチ　i, 138
アクシデント　19, 21
アクティブ・ラーニング　4, 138
アセスメント　i, 13, 17, 79, 110, 119, 138
暖かい関心　126
新しい知　116
当たり前　114
アフターケア　135
甘え　129
ありのまま　126
あるがまま　128
アルバイト　117
活かせる技能　110
育児不安　137
意思決定能力　14
居場所　137
インターネット　40, 44, 66
インターンシップ　112
インテーク面接　59
Well-being　138
笑顔　22, 66
SNS　31, 122, 134
NPO　136
　　——法人　13
エンパワメント　i, 13, 111, 138
オリエンテーション　2, 20, 36, 52-3, 64-5,
　75, 78, 88-90, 118
お礼状　32-3, 134

カ　行

介護　61
介護老人保健施設　10
カウンセリング　112
学際的アプローチ　136-7
学生教育研究災害傷害保険（学研災）　86
学生教育研究賠償責任保険（学研賠）　86
学年間交流　121
学年担当教員　86
価値　15
　　——ある存在　128

価値観　64, 98
カプラン，G.　130
カリキュラム　4
考え抜く力　8-9
環境　74
観察事実　152
観察力　73
カンファレンス　78
帰校日指導　80-1, 120
基礎学力　9, 68
気づき　88, 93
キャリア　109
　　——アップ　121
　　——形成　116
　　——発達　116
QOL　138
救護施設　10
共感　59, 75, 114
共感的態度　127
共感的理解　61
共通認識　86
協働　12-4, 136
距離　127
記録の書き方　151
苦情処理　31
グループ　95
グループスーパービジョン　77, 120
グループディスカッション　26-7, 36-8, 45-
　6, 70, 100-2, 135
グループ・ピアスーパービジョン　95
グループワーク　8, 11, 60-1
グローバル定義　116, 131
ケアワーク　70
敬語　21, 25, 66
KJ法　100
刑事責任　113
形成的評価　108
傾聴　61, 75, 127-8, 130-1
軽費老人ホーム　10
見学実習　36
見学訪問　7, 20, 24-7
　　——シート　27
健康診断　118
言語化　110
謙譲語　32

憲法　30
権利擁護　i
好意　71
広域障害者職業センター　10
好奇心　58-9
貢献　14
更生施設　10
更生保護　44
　　──施設　10
厚生労働省　136, 138
　　──通知　120
交通事故　113
肯定的視点　111
行動規範　14, 56, 70, 126
高度経済成長　137
コーディネート　138
国土交通省　136
心得　144
心構え　8, 74
個人差　131
個人識別符号　16, 30
個人情報　21, 122, 133
　　──開示請求　142
　　──取扱事業者　31
個人情報保護　16, 30-1, 56-7, 61, 76-7, 121,
　142
個人情報保護法　16, 30, 56
　改正──　30
個性　131
子育ち支援　137
子育て支援　137
言葉遣い　21-2, 61, 66, 97, 145
コノプカ, G.　116
個別スーパービジョン　94
個別体験の整理　90
個別面談　18, 103
コミュニケーション　21-2, 28, 50, 69-70, 94,
　102, 109, 127-8, 136-7
　　──スキル　61
根拠法　64-5
コントロール権　31
コンプライアンス　112

サ　行

再構成　108
三者協議　121
GPA　2
ジェネリック　4-6, 64

支援目標　132
視覚効果　96-7
自己開示　42, 125
事後学習　98-9, 102-3
自己覚知　44, 72, 114-5, 127
自己課題　95, 99
自己決定　14
自己研鑽　99, 127
自己紹介　2, 8, 24, 42, 69, 121, 125
自己成長　59
自己点検　67
自己評価　102-3
自己理解　119
資質と倫理　22, 24, 66, 68, 70
自主学習　11
事前学習　43-5, 102
　　──課題　38-9
事前準備　21
事前送付書類　54-5
実学　110
実習記録　72-4, 76-7, 133
実習計画　118
実習計画書　46, 54, 58, 64-5, 78
実習最終日　133
実習事後指導　88, 90, 104
実習事前学習　104
実習指導者　17, 24-5, 27, 29, 43, 51, 66, 72-5,
　80, 99-103, 105, 118-9, 123, 133, 135, 150
実習巡回指導　80-1, 103-4, 120-1
実習準備室　86
実習生　122, 127
　　──紹介票　42, 46-7, 54
実習担当教員　17-8, 21, 42, 66, 86, 88-9, 93,
　101, 103, 105, 113, 118, 133, 135
実習日誌　54, 84, 123, 151
実習の課題　62
実習のてびき　118
実習の動機と課題　46, 54, 121
実習評価　121
　　──票　102-3, 123
実習プログラム　26, 36, 103
実習報告　88-9
実習報告会　7, 48-9, 53, 96, 100-1
実習報告書　84, 92, 102, 119
実習目的　18-9
実習目標　64-5, 73, 78-9
実習連絡協議会　7, 50-1, 53, 105, 121
失敗　114

索　引　*157*

失敗経験　98
児童相談所　10
児童福祉法　136
児童養護施設　10
自賠責保険　86
死別　132
使命感　121
社会資源　i, 12, 61, 138
社会人基礎力　8–9, 68, 121
社会性　8
社会正義　14
社会福祉学　136
社会福祉協議会　10
社会福祉士　2–3, 12–4, 18–9, 22, 24, 26–7, 31,
　　38, 44, 56, 66, 68, 70, 78–9, 84, 102, 115, 126,
　　138, 147
　　　——及び介護福祉士法　2, 30–1, 44
　　　——・精神保健福祉士相談援助実習担当教員
　　講習会　i
社会福祉専門職　23, 109, 112
社会保障審議会福祉部会福祉人材確保専門委員
　　会　4
集団討議　90–1
柔軟性　61
就労支援　44
宿泊提供施設　10
授産施設　10
守秘義務　16–7, 21, 30–1, 61, 122, 127, 142
受容　14, 61, 75, 126, 129–31
巡回担当教員　80
障害者支援施設　10
障害者就業・生活支援センター　10
障害者自立支援法　136
状況との対話　116
情報交換　62–3
　　　——会　63
ショーン, D.　116
職業的価値　115
助言指導　91
書類作成　46
事例研究法　119
ジレンマ　14–5, 110
人権　122
　　　——侵害　15
人材養成　61
身体障害者更生相談所　10
身体障害者福祉センター　10
新方針　138

信頼関係　18, 119
スーパーバイザー　95, 105
スーパーバイジー　95, 105
スーパーバイズ　8
スーパービジョン　23, 65, 77, 80, 100, 105,
　　111, 115, 120, 135
スキンシップ　71
スクールソーシャルワーカー　12
ストレングス　111
スペシフィック　4–6, 64, 98
生育歴　119
生活者　61
生活の場　127
生活保護　61
生活歴　119
正義感　58–9
清潔感　22
誠実　14
精神疾患　112
精神保健福祉センター　10
誓約書　40–1, 46, 54
席次マナー　151
責任　125
説明責任　14
ゼミ担当教員　86
潜在的ニーズ　130
潜在的有資格者　121
専門職業的自己覚知　115
専門職養成　58
専門性　13, 127, 136
専門知識　9, 68
専門的力量　14
専門用語　65
総括　91
　　　——的評価　108
そうぞうせい（創造性・想像性）　61
創造の源　114
相談援助実習　2–6, 17–8, 52–3, 86, 110
　　　——評価表　118
ソーシャルマナー　22, 24, 66, 68–70, 150,
　　153–4
ソーシャルワーカー　12–3, 22, 24, 30, 32, 42,
　　56, 66, 68, 70–1, 74, 79, 94, 98–9, 104, 114–6,
　　129, 131–2
ソーシャルワーク　70, 94
即戦力　121
損害賠償　113
　　　——責任　41

158

尊敬語　　32
尊厳　　14, 64, 127, 131

タ 行

第一次予防　　130
体験学習　　4, 6
第三次予防　　130
体調管理　　67
ダイナミクス　　95
第二次予防　　130
タイムキーパー　　49
他者評価　　102-3
多職種連携　　60
達成課題　　79
達成方法　　62
縦割りの限界　　136
ダブルチェック　　54
タブレット　　112
試し行動　　61
男女共同参画社会　　137
地域活動支援センター　　10
地域共生社会　　i, 12-3, 138
地域コミュニティ　　137
地域障害者職業センター　　10
地域創生　　138
地域福祉　　61
地域包括ケア　　i
　　──システム　　138
地域包括支援センター　　10, 130
チームアプローチ　　78
チームで働く力　　8-9
チームワーク　　60
チェックリスト　　46-7, 155
知的障害者更生相談所　　10
中山間地域　　137-8
追体験　　84
TPO　　75
ディスカッション　　119
丁寧語　　32
デマンド　　129
電話　　28, 146
　　──のかけ方　　145-6
動機づけ　　58
洞察力　　73
独自性　　127
特別欠席申請書　　86-7
特別養護老人ホーム　　10
匿名加工情報　　16

匿名性　　85
トリプルチェック　　54

ナ 行

内省　　115
ニーズ　　129
二重敬語　　32
日本一億総活躍社会　　i
ニッポン一億総活躍プラン　　4, 138
日本社会福祉士会　　17, 70
日本社会福祉士養成校協会　　118
乳児院　　10
任意保険　　86
人間関係　　23
人間的成長　　134
人間力　　8-9
認知症カフェ　　130
ネガティブ体験　　135
ネットワーキング　　i, 13, 138
ネットワーク　　61, 94
農林水産省　　136
ノーマライゼーション　　61
のぞみの園　　10

ハ 行

パーソナルスペース　　127
バイスティックの 7 原則　　127
配属実習　　2, 7, 11, 36, 39, 53
働きがい　　121
発達障害　　112
発達障害者支援センター　　10
パワーポイント　　48-9, 96-7, 100
反省的実践家　　116
ピア　　95
ピアスーパービジョン　　100
ピアレビュー　　92
PDCA サイクル　　58
秘密の保持　　14
評価　　118
表現力　　73
表情　　22, 155
貧困ビジネス　　61
フィードバック　　15, 92, 102, 110, 120, 132
フィールド・ソーシャルワーク　　44
フィールドワーク　　138
福祉専門職　　127
福祉哲学　　121
福祉分野における個人情報保護に関するガイド

ライン　30-1
福祉ホーム　10
婦人保護施設　10
不正受給　61
復興庁　136
不適応学生　112
プライバシー　14, 16, 46, 56, 65, 72, 75, 121-2, 124
　　──権　31
　　──の尊重　57
　　──保護　16
振り返り　32, 37, 76, 84, 88, 108, 116
プレゼンテーション　96-7
プレッシャー　50
プロセス　115
プロソーシャルワーカー　114
プロフィール　101
ほう・れん・そう（報告・連絡・相談）　23, 29
母子・父子福祉センター　10
母子生活支援施設　10
ボランティア　13, 117

マ 行

前に踏み出す力　8-9
マクロ　58
マナーブック　25
学びのキャリア形成　116
マネジメント　112
見えにくい障害　112
見える化　13, 111
ミクロ　58
身だしなみ　155
　　──チェックリスト　22
無気力な学生　111
メゾ　58
メモ　75-6
メラビアンの法則　23
メンタリング　115
メンタルヘルス　121
目的意識　59
モチベーション　18-9
問題意識　64
問題の重層化　137

文部科学省　136

ヤ 行

有償ボランティア　136
優先順位　21
Ｕターン就職　138
有料老人ホーム　10
養護老人ホーム　10
要配慮個人情報　16, 30
予行演習　96-7
予防　130
　　──的機能　130
寄り添い　128

ラ 行

ラポール（信頼関係）　127
リアクションペーパー　110
リスク管理　118
リスクマネジメント　124
リフレーミング　19
リフレクション（振り返り）　32, 37, 76, 84, 88, 108, 116
　　行為のなかでの──　116
利用者　74-5, 122, 125, 127-8, 130-3
　　──の利益の最優先　14
　　──理解　131
倫理　15, 31, 61, 64, 71
倫理綱領　14, 56, 70, 115, 126, 147
倫理性　127
倫理責任　70-1, 126
倫理的配慮　93, 149
レジデンシャル・ソーシャルワーク　44
連携　12, 14, 19, 52, 79, 121, 138
連絡先　124
老人短期入所施設　10
老人デイサービスセンター　10
老人福祉センター　10
ロールプレイ　94, 97, 110
6W3H　22-3, 73

ワ 行

ワークショップ　115
我が事・丸ごと　138
別れ方　132

編著者紹介

中嶋　洋（なかしま・ひろし）
上智大学文学部社会福祉学科卒業
上智大学大学院総合人間科学研究科博士後期課程単位取得満期退学
博士（論文）　社会福祉士　精神保健福祉士
帝京平成大学専任講師、高知県立大学准教授等を経て、
現在、中京大学現代社会学部准教授
【主な著書】
『日本における在宅介護福祉職形成史研究』（単著）みらい
『初学者のための質的研究26の教え』（単著）医学書院
『地域福祉・介護福祉の実践知』（単著）現代書館
『シリーズ福祉に生きる67　原崎秀司』（単著）大空社
『図解でわかる！地域福祉の理論と実践』（共編著）小林出版

実習指導必携
プロソーシャルワーク入門

2018年11月12日　第1版1刷発行

編著者─中嶋　洋
発行者─森口恵美子
印刷所─美研プリンティング（株）
製本所─（株）グリーン
発行所─八千代出版株式会社

〒101
-0061　東京都千代田区神田三崎町2-2-13

TEL　03-3262-0420
FAX　03-3237-0723
振替　00190-4-168060

＊定価はカバーに表示してあります。
＊落丁・乱丁本はお取替えいたします。

ISBN978-4-8429-1734-4　　　　©2018 H. Nakashima et al.